mit ki

erleben

ahorn verlag

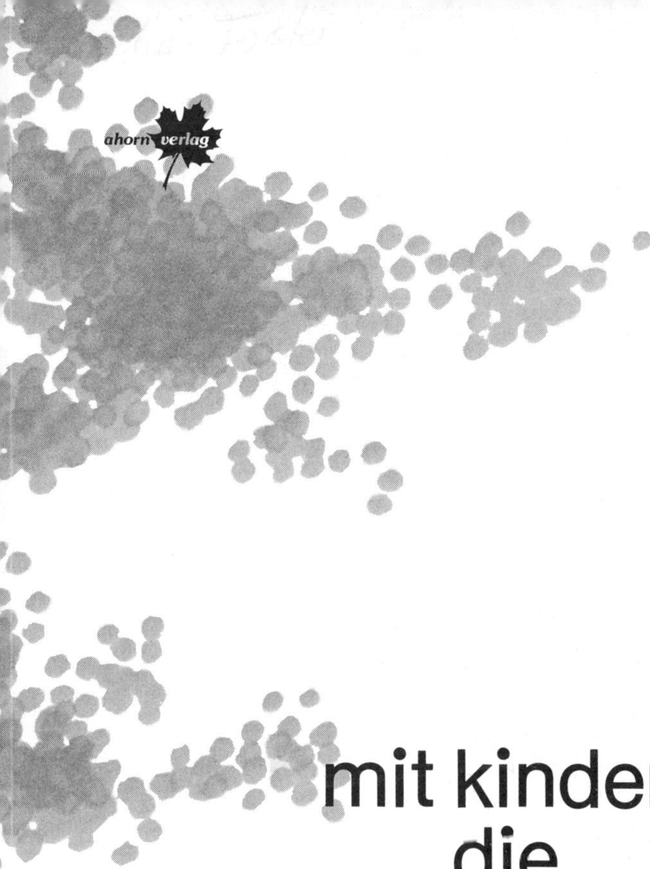

mit kindern die natur erleben

joseph bharat cornell

Titel der amerikanischen Originalausgabe:
Sharing Nature with Children
A Parents' and Teachers' Nature-awareness Guidebook
Ananda Publications, Nevada City, Kalifornien, U.S.A.

Aus dem Amerikanischen übersetzt von Gabriele Kuby

84 85 86 87 88 6 5 4 3 2

Graphische Gestaltung: Martin Benkler
Umschlag: Designgruppe Flath + Frank, München
Satz: Fotosatz Kretschmann, Beyharting
Druck: Fuldaer Verlagsanstalt
Printed in Germany

ISBN 3-88403-009-4

Für alle,
die sich von der Natur begeistern und verändern lassen und ihre Liebe für sie mit anderen teilen wollen.
Und für S.K.,
der mir einfach dadurch, daß er sein Leben lebt, zu einem größeren Verständnis meines eigenen verholfen hat.

41 Spiele für
Kinder aller Altersstufen
in und mit der Natur

Inhalt

Einführung

Spiele

Anhang

Vorwort

Zum erstenmal begegnete ich Joseph Cornell auf dem Bahnhof in Dayton, Ohio. Er war gerade aus Kalifornien angekommen, um an einem Lehrgang für praktische Naturkunde der National Audubon Society teilzunehmen. Als ich um zwei Uhr nachts dort ankam, sah ich Joseph vor dem Bahnhof auf einem Stückchen Rasen liegen und in die Sterne schauen. Sobald ich an ihn herantrat, sprang er auf und begrüßte mich mit der für ihn typischen Herzlichkeit. Dies war der Anfang einer spannenden und inhaltsreichen Beziehung.

Die Mitarbeiter des Aullwood Centers waren gleich von Josephs Natürlichkeit und seiner Liebe zur Erde berührt. Offensichtlich war er draußen in seinem Element: Er sprach mit den Bäumen, berührte sie liebevoll — ja, umarmte sie sogar. Joseph hatte etwas Kindliches, und man spürte, daß für ihn die Erde ein Ort der Schönheit und des Geheimnisses war. Er arbeitete besonders gern mit Kindern, die er mit seiner Spontaneität und Fröhlichkeit sofort gewann. Während er mit ihnen spielte, förderte er unmerklich ihre Wahrnehmungsfähigkeit und Sensibilität. In dieser Zeit verfaßte er ein kurzes Papier mit Spielen in der Natur, das wir noch immer als Leitfaden für Lehrer und Jugendgruppenleiter benutzen; das vorliegende Buch ist eine natürliche Erweiterung dieser ersten Niederschrift.

In unserer heutigen Welt der Überbevölkerung und des Konsums ist es entscheidend, unsere Verbundenheit mit der Erde wieder zu erfahren: mit ihrem natürlichen Rhythmus, dem Wechsel der Jahreszeiten, ihrer Schönheit und ihrem Geheimnis. Alle Bemühungen in dieser Richtung werden ihr Ziel erst erreichen, wenn wir wieder lernen, die Erde zu lieben. Henry David Thoreau schrieb einmal: »Die Erde ist mehr zum Bewundern als zum Benutzen da.«

Joseph Cornell

Für ein Kind, dem sich die erregende Welt der Natur öffnen soll, ist es vor allem wichtig, zu fühlen und erst auf dieser Grundlage Wissen aufzubauen. In diesem Geist hat Joseph das vorliegende Buch geschrieben — als eine Hilfe für Jugendleiter, die Kindern ein lebendiges Bewußtsein für ihre natürliche Umwelt vermitteln wollen, das aus dem direkten Kontakt mit der Erde entsteht.

Paul E. Knoop, Jr.
Aullwood National Audubon
Center and Farm

Einleitung

Die nicht zu beschreibende Schönheit einer Blüte; die Anmut eines in den Lüften gleitenden Vogels; das Rauschen des Windes in den Bäumen — irgendwann in unserem Leben berührt die Natur dich ... und mich ... und uns alle auf eine besondere, persönliche Weise. Einen Augenblick lang öffnet sich ein Spalt, durch den wir etwas von ihrem geheimnisvollen Wesen und ihrer Reinheit erblicken, und wir werden daran erinnert, daß es ein Leben gibt, das größer ist als die kleinen Angelegenheiten der Menschen.

Solche Augenblicke waren mir immer kostbar. Aus eigener Erfahrung und der vieler anderer habe ich gelernt, daß wir dieses tiefere Gewahrsein nähren können, bis daraus ein echtes und vitales Verstehen unseres Platzes in dieser Welt erwächst.

Die Spiele in diesem Buch sind die Frucht jahrelanger Arbeit mit Kindern. Sie sollen die Kinder mit Begeisterung für die Natur erfüllen — denn die Natur ist unsere Mutter, und ihre Lehren sind von besonderem Wert für das heranwachsende Kind. Und so geht es in diesem Buch darum, wie wir durch die Natur zu freudigen, erhellenden Einsichten und Erfahrungen gelangen können — wir selbst, unsere Kinder und unsere jungen Freunde.

Manche Menschen haben einen wissenschaftlich und logisch ausgerichteten Intellekt, andere sind mehr vom Gefühl zu Schönheit und Harmonie hingezogen, und wieder andere werden am tiefsten von philosophischen Wahrheiten ergriffen. Die 41 Spiele dieses Buches werden jedem Temperament — seien es Kinder oder Erwachsene — einen Zugang zur Natur eröffnen. Jedes Spiel schafft eine Situation oder eine Erfahrung, in der die Natur Lehrerin ist und zu uns sprechen kann — manchmal in der Sprache des Wissenschaftlers, manchmal in der Sprache des Künstlers oder in der des Mystikers.

Die erste Gruppe der Spiele bringt uns in physische und emotionale Harmonie mit unserer natürlichen Umgebung. Ihr folgen Spiele, die eine ruhige kontemplative Stimmung erzeugen. Glaube nur nicht, daß die »ruhigen« Spiele langweilig seien; ich habe von Kindern gehört, daß sie sich jahrelang daran erinnern und immer wieder von diesen Erfahrungen inspiriert werden — eine solch intensive Wachheit können diese Spiele hervorrufen.

Manche Spiele geben uns einen Einblick in die Funktionsweise der Natur — in die Prinzipien eines ökologischen Systems zum Beispiel —, aber spannender als in einem Lehrbuch. Wir spielen die natürlichen Zyklen und Prozesse dynamisch nach und kommen dadurch in unmittelbaren Kontakt mit ihnen. Kinder verstehen und erinnern sich an theoretische Begriffe am leichtesten, wenn sie diese in direkter persönlicher Erfahrung lernen.

Andere Spiele wiederum stimmen unsere feineren Gefühle auf die Natur ein — auf ihren Frieden und ihre Schönheit, ihre Herrlichkeit und ihre Kraft, ihr Mysterium und Wunder. Wir gebrauchen all unsere Sinne, um mit der Natur in lebendigen Kontakt zu kommen — Berühren, Riechen, Schmecken, Sehen und Hören.

Manche Spiele machen einfach nur Spaß. Der kindliche Überschwang ist in seinem Element in Wäldern, im hohen Gras oder unter einem sommerlichen Sternenhimmel. Später sind uns solche Kindheitserinnerungen kostbar, denn sie haben etwas Tiefes in uns berührt.

Mit Freude mache ich diese Spiele dir und deinen jungen Freunden zugänglich. Wenn du sie mit Einfühlungsvermögen gebrauchst, wirst du die Intelligenz und die Güte der Natur erfahren.

Joseph Cornell
Nevada City, Kalifornien

November 1978

Wie man Kinder begeistert— fünf Grundsätze

Bevor wir mit Kindern in die Natur gehen, wollen wir einen Augenblick über unsere Rolle als Lehrer und Führer in die Natur nachdenken. Welche Grundregeln müssen wir befolgen, damit die Kinder — und wir selbst — schöne und lohnende Erlebnisse haben?

Fünf Grundsätze haben mir geholfen, bei der Arbeit mit Kindern im Freien mit ihrer lebhaften Energie umzugehen — sie vom Unsinnmachen abzubringen und an konstruktive und schließlich befriedigende Aktivitäten heranzuführen. Zwei Einstellungen, auf die die Kinder mit Sicherheit positiv reagieren, liegen diesen Prinzipien zugrunde: Respekt für die Kinder und Verehrung für die Natur.

*

1. Lehre weniger und teile mehr von deinen Gefühlen mit. Neben bloßen Fakten über die Natur *(»Das ist eine Latschenkiefer.«)* erzähle ich ihnen gern von meinen Gefühlen zu diesem Baum. Ich sage ihnen daß ich Ehrfurcht und Respekt dafür empfinde, daß eine Latschenkiefer noch in einer Höhe von 2500 Metern wachsen kann — wo im Sommer Trockenheit herrscht und das Wasser im Winter meistens gefroren ist und scharfe Winterstürme an ihren Ästen ziehen und zerren. Ich drücke meine Dankbarkeit dafür aus, daß sie uns vor Lawinen schützt und den Boden vor Erosion bewahrt.

Die Kinder reagieren viel freier auf meine Beobachtungen als auf die Erklärungen eines Lehrbuches, so zum Beispiel angesichts einer Latschenkiefer in der Nähe eines Ferienlagers, hoch oben in den Bergen. Sie steht zwischen zwei riesigen Felsblöcken, so daß sie ihre Wurzeln weit ausstrecken muß, um auf ein wenig Erde zu stoßen. Hier oben in der »Kampfzone« hat sie schon mehr als zweihundert Jahre den Elementen getrotzt. Die Kinder machen oft einen Umweg auf ihren Wanderungen, um ihre Feldflaschen über ihren Wurzeln auszugießen. Mehrere Kinder kamen Jahr für Jahr ins Lager zurück, um den verbissenen Lebenskampf des Baumes in seiner unwirtlichen Umgebung zu beobachten. Sobald sie angekommen waren, rannten sie hinaus und sahen nach, wie er den trockenen Herbst und den kalten Winter überstanden hatte.

Ich halte es für wichtig, daß wir als Erwachsene das Kind an unseren inneren Gefühlen teilhaben lassen. Nur wenn wir unsere tieferen Gedanken und Gefühle zum Ausdruck bringen, können wir in anderen Liebe und Respekt für die Erde erwecken. Dadurch ermutigen wir das Kind, seine eigenen Gefühle und Wahrnehmungen zu erforschen und ernst zu nehmen. Auf diese Weise entstehen Vertrauen und Freundschaft zwischen Kind und Erwachsenem.

*

2. Sei aufnahmefähig. Um aufnehmen zu können, mußt du zuhören und wach sein. Kaum eine andere Fähigkeit trägt so reiche Früchte im Umgang mit Kindern. Draußen zu sein ruft im Kind eine spontane Begeisterung hervor, die du geschickt für sein Lernen nützen kannst.

Sei feinfühlig: jede Frage, jeder Kommentar, jeder freudige Ausruf ist eine Gelegenheit zur Kommunikation. Reagiere auf die Stimmung und die Gefühle, die ein Kind gerade hat. Du kannst seinen Interessenhorizont mühelos erweitern, wenn du dich beim Lehren vom roten Faden seiner eigenen Neugierde leiten läßt. Wenn du die Gedankenwelt des Kindes respektierst, wird die Zeit, die ihr miteinander verbringt, leicht und glücklich dahinfließen.

Richte einen Teil deiner Aufmerksamkeit auch auf das, was sich in der Natur um dich herum ereignet. Beinahe ständig geschieht etwas Spannendes und Interessantes. Dein Lehrplan wird von Minute zu Minute wie von selbst geschrieben, wenn du dich mit feinfühliger Wachheit auf die Situation einstellst.

*

3. Sorge gleich zu Anfang für Konzentration. Du bestimmst den Ton für den Aufenthalt im Freien. Fessele die Aufmerksamkeit des Kindes so stark wie möglich, indem du Fragen stellst und sie auf interessante Dinge hinweist, die sie sehen und hören können. Manche Kinder sind es nicht gewohnt, die Natur zu beobachten; sobald du ihr Interesse geweckt hast, kannst du sie Schritt für Schritt an genaues Beobachten heranführen. Laß sie spüren, daß dir ihre Entdeckungen wichtig sind.

*

4. Erst schauen und erfahren — dann sprechen. Von Zeit zu Zeit wird das Kind vom Schauspiel der Natur ganz gefangen genommen: eine gerade ausgeschlüpfte Libelle, die Blut in ihre zarten, sich öffnenden Flügel pumpt, ein Reh, das auf einer Waldlichtung grast. Aber selbst ohne solch besondere Erlebnisse kann das Kind in Staunen geraten, wenn es ganz gewöhnliche Dinge konzentriert beobachtet. Kinder haben eine wunderbare Fähigkeit, sich ganz in dem, was sie gerade anschauen, zu verlieren. Verständnis aus direktem Erleben geht viel tiefer, als wenn es auf Information aus zweiter Hand beruht, und Kinder vergessen eine solche Erfahrung selten.

Mach dir nichts daraus, wenn du irgendwelche Namen nicht kennst. Die Namen der Pflanzen und Tiere sind nur oberflächliche Etiketten für das, was sie wirklich sind. Ebenso wie dein eigentliches Wesen weder durch deinen Namen noch durch deine Erscheinung oder deine Eigenschaften erfaßt wird, ist auch eine Eiche viel mehr als nur ein Name und eine Reihe von Fakten. Was eine Eiche eigentlich ist, kannst du viel eher erfahren, wenn du beobachtest, wie sie sich mit wechselndem Licht verändert. Betrachte den Baum aus ungewöhnlichen Perspektiven. Fühle und rieche seine Rinde und seine Blätter. Setze dich still unter seine Zweige oder auf einen Ast und schau, welche Lebewesen im und um den Baum leben und von ihm abhängig sind.

Mach die Augen auf. Stelle Fragen. Verlaß dich auf dein Gespür. Je mehr deine Kinder selbst in den Bann der Natur geraten, desto mehr wird sich deine Beziehung zu ihnen von der eines Lehrers und Mitforschers zu der eines Abenteuergefährten entwickeln.

*

5. Das ganze Erlebnis soll von Freude erfüllt sein — sei es Fröhlichkeit oder ruhige Aufmerksamkeit. Kinder lernen wie von selbst, wenn sie glücklich und begeistert sind. Denke daran, daß deine eigene Begeisterung ansteckend wirkt und daß sie vielleicht dein größtes Kapital als Lehrer ist.

*

Das richtige Spiel am richtigen Ort zur richtigen Zeit

Die Spiele, die ich in diesem Buch zusammengestellt habe, werden die Kinder vieles lehren — offenkundige Lektionen und versteckte. Manche fördern positive Eigenschaften im Kind, bei anderen lernt es Zusammenhänge erkennen. Du magst Spiele auswählen, weil sie der Stimmung deiner Gruppe entsprechen oder weil du eine Änderung der Einstellng oder des Energieflusses herbeiführen willst. Damit du leichter herausfinden kannst, was es mit einem Spiel auf sich hat, habe ich jedem eine Orientierungshilfe beigefügt.

A Die Grundstimmung eines jeden Spieles wird durch ein Tiersymbol dargestellt:

Ruhig/besinnlich: Bären sind sehr neugierig und führen ein einsames, ruhiges Leben. In der Religion der nordamerikanischen Prärieindianer ist der Bär das Symbol der inneren Selbsterforschung.

Aktiv/beobachtend: Die Krähe ist äußerst wach und intelligent und beobachtet alles voller Aufmerksamkeit, was um sie herum geschieht.

Energievoll/spielerisch: Der Fischotter tollt den ganzen Tag herum; er ist das einzige Tier, das auch in seiner ausgewachsenen Lebensphase ununterbrochen spielt. Er verköpert überschwängliche Ausgelassenheit in der Natur.

B Die Begriffe, Einstellungen und Eigenschaften, die das Spiel lehrt

C Wann und wo es am besten gespielt wird

D Die Anzahl der benötigten Mitspieler

E Das passende Alter der Kinder

F Eventuell benötigte Materialien

Am Ende des Buches findest du alle Spiele nach drei Kriterien geordnet: erstens nach Lernzielen; zweitens nach dem Gelände, für die sie sich am besten eignen; und drittens nach der Stimmung, die sie bewirken. Der Anhang schließt mit einem alphabetischen Verzeichnis. Ich hoffe, daß du mit Hilfe dieser Einteilungen schöpferisch mit dem Buch umgehen kannst.

1

Begegnung mit der Natur

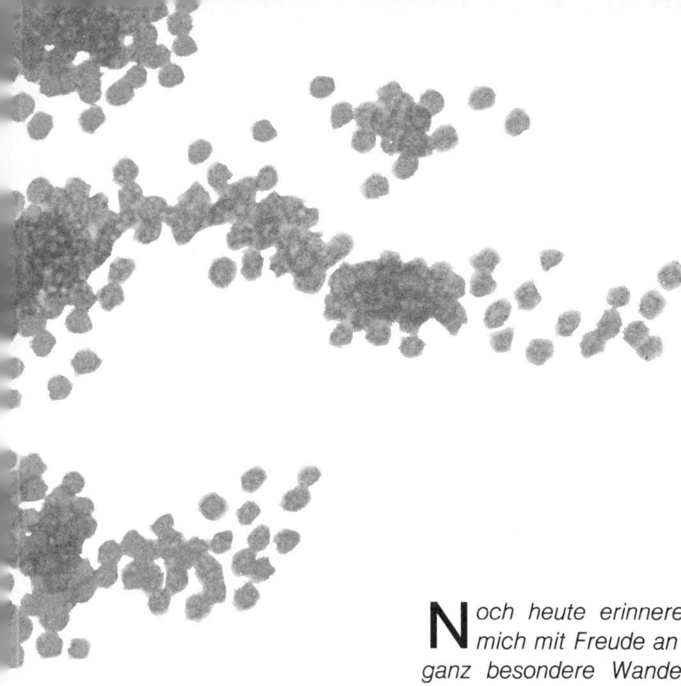

Noch heute erinnere ich mich mit Freude an eine ganz besondere Wanderung mit einer Naturführerin während eines Jugendlagers in Ohio. An diesem Tag war ich Teilnehmer und nicht Führer.

Zuerst führte sie uns zu einer Weihnachtsbaumplantage. Mit einer schwungvollen Geste und einem Augenzwinkern verkündete sie: »Und hier ist der Tannenwald.« Die Kinder murrten und scharrten enttäuscht mit den Füssen — die Bäume waren kaum größer als sie selbst.

Dann band sie uns allen ein Tuch um die Augen und führte uns durch einen sonnigen Laubwald. Wir hörten einen Bach, und sie erklärte:

»Hier ist ein schmaler Steg, da muß einer nach dem anderen hinüber.« Das erste Kind machte ein paar Schritte und kreischte nervös. Wir anderen, die nicht wußten, was vor uns lag, warteten mit einem unbehaglichen Gefühl.

Als ich an der Reihe war, tastete ich mich vorwärts und setzte vorsichtig einen Fuß auf den Steg. Aha! Kein Wunder, daß die anderen Angst hatten — der Steg schwankte schwindelerregend hin und her und wippte gleichzeitig auch nach oben und nach unten. Zwischen dem Knarren und Ächzen der Seile und des Holzes hörte ich weit unten das Wasser rauschen. Auf der anderen Seite wurde ich von kleinen, aufgeregten Händen begrüßt; die Kinder hatten die Augenbinden abnehmen dürfen, um mich beim Überqueren zu beobachten. Auch ich nahm nun das Tuch ab und sah eine stabile, sichere Hängebrücke, deren Geländer vom vielen Gebrauch abgegriffen war.

Wir legten unsere Augenbinden wieder an und folgten dem Pfad weiter. Nach einiger Zeit klangen unsere Schritte anders; wir hörten beim Gehen kein Blätterrascheln mehr, nur ein weiches, gedämpftes Knirschen. Dann tauchten wir

in dunklen Schatten ein und empfanden tiefe Stille — wir hörten weniger Vogelgezwitscher und nicht mehr das Rauschen der Blätter im Wind. »Wo sind wir?« fragte jemand in die Stille. Die Leiterin sagte: »Legt euch auf den Rücken und versucht herauszufinden, was hier besonders ist.«

Wir lagen eine lange Zeit dort und ließen die tiefe Ruhe auf uns wirken. Schließlich nahmen wir die Augenbinden ab. Majestätische Tannen ragten dicht an dicht in den Himmel. Meine Empfindungen stiegen mit ihnen in die Höhe und ich wurde von Ehrfurcht ergriffen — so hatte ich nie zuvor einen Wald erlebt. Die Kinder waren sprachlos. Schließlich setzten wir uns auf, schauten uns gegenseitig an und fühlten uns in diesem Erlebnis verbunden. Dann wanderte jeder für sich allein durch den Wald, berührte die Bäume und sah staunend hinauf in die grüne Kathedrale.

Ein solch tiefes Erlebnis erfordert ein glückliches Zusammentreffen von äußeren Umständen und Aufnahmebereitschaft der Teilnehmer. Die Spiele in diesem Kapitel sollen helfen, einen lebendigen und geheimnisvollen Kontakt mit der Natur herzustellen.

Erdfenster

Der Wald wird lebendig und interessant, wenn man ihn aus einem neuen Blickwinkel betrachtet. In diesem ·Spiel liegen die Kinder mit Laub bedeckt in einem Wald auf der Erde und achten nur auf das Flüstern der Bäume, das Flattern der Vögel und das Rauschen des Windes. Durch Löcher in der Laubdecke können sie aus ihrem Waldzimmer hinausspähen und die Wolken betrachten. Vielleicht kommen sogar Tiere heran, denn die Kinder sind ruhig und versteckt.

Jeder legt sich auf die Erde, schaut in den Himmel hinauf und beginnt sich als Teil der Erde zu empfinden. Bedecke ein Kind nach dem anderen mit Laub, Stöckchen und Tannennadeln — bis hinauf zum Kopf. Nur das Gesicht soll herausschauen und so weit von Laubwerk eingerahmt sein, daß sich das Kind mit der Erde verbunden fühlt. Zuletzt schichtest du vorsichtig Blätter und Tannennadeln über sein Gesicht, aber so, daß der Blick frei bleibt. Achte darauf, daß die Blätter nicht schmutzig sind und das Kind die Augen hierbei geschlossen hält.

Die Kinder sollen wissen, daß sie ein Zeichen bekommen, wenn es Zeit ist aufzustehen; so werden sie länger unter den Blättern liegen bleiben, ohne unruhig zu werden. Gib das Signal, bevor sie anfangen zappelig zu werden. Ich habe die Erfahrung gemacht, daß zwanzig Minuten für Kinder in

A 

B Empfänglichkeit für Schönheit
C Tag / Waldboden
D 1 oder mehr
E ab 7 Jahre
F keine

der Regel nicht zu lang sind.

In großen Gruppen sollte man zügig arbeiten und die Kinder sich gegenseitig bedecken lassen. Es ist zweckmäßig, in einer Richtung vorzugehen; wenn dann die ersten aus dem Laub auftauchen, kann man sie von den anderen wegführen, die noch die Stille des Waldes genießen. Laß Einzelne oder Paare, die schwätzen oder stören könnten, sich ein wenig abseits hinlegen.

Die Kinder werden sich viel lieber mit Erde und Blätter bedecken lassen, wenn sie schon vorher eine Weile auf dem Waldboden gespielt haben. Es ist auch wichtig, gleich zu Anfang die Käfer zu erwähnen, mit denen sie vielleicht nähere Bekanntschaft machen werden — ohne viel Aufhebens davon zu machen. Laß die Kinder ein paar Käfer in die Hand nehmen und zeige ihnen, daß es harmlos ist, wenn einer auf ihnen herumkrabbelt. Das macht oft viel Spaß, und die Kinder verlieren so ihre früh erlernten Vorurteile über Insekten und lernen diese faszinierenden kleinen Lebewesen schätzen. Ermuntere die Kinder, ruhig unter den Blättern liegen zu bleiben und den Käfern nachzuspüren, die vielleicht auf ihnen herumkrabbeln, so daß sie den anderen nachher davon erzählen können.

Erdfenster ist eine Möglichkeit, den Wald durch die Augen des Waldes zu erleben.

A 

B Einfühlen / Baumphysiologie
C Tag / Wald
D 1 oder mehr
E ab 4 Jahre
F Stethoskop

Ein Baum ist ein lebendiges Wesen. Er ißt, ruht, atmet und ist von »Blut« durchströmt, ähnlich wie wir. Der Herzschlag eines Baumes ist der wunderbare murmelnde Fluß des Lebens. Am besten hört man ihn am Anfang des Frühlings, wenn der Saft mit neuer Kraft in die Zweige steigt und sich die Bäume so auf die nächste Wachstumsperiode vorbereiten.

Wähle einen Baum, dessen Stamm einen Umfang von mindestens vier Handspannen und eine dünne Rinde hat. Laubbäumen kann man oft besser zuhören als

Herzschlag

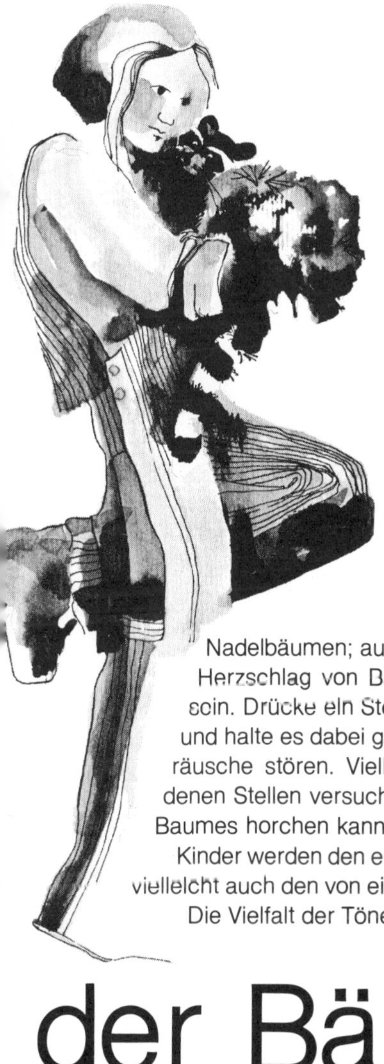

Nadelbäumen; auch bei der gleichen Art kann der Herzschlag von Baum zu Baum verschieden laut sein. Drücke ein Stethoskop fest gegen den Stamm und halte es dabei ganz ruhig, damit keine Nebengeräusche stören. Vielleicht mußt du es an verschiedenen Stellen versuchen, bevor du gut ins Innere des Baumes horchen kannst.

Kinder werden den eigenen Herzschlag hören wollen, vielleicht auch den von einem Säugetier und einem Vogel. Die Vielfalt der Töne und Rhythmen ist faszinierend.

der Bäume

Spiele mit verbundenen Augen

Die Spiele in diesem Abschnitt sind vor allem dazu da, die Fantasie der Kinder zu wecken.

Aktivitäten mit verbundenen Augen lösen unsere Gedanken aus der Ichbefangenheit und erlauben uns, mehr von der Welt um uns herum aufzunehmen. Die Augen sind das Sinnesorgan, von dem wir am meisten abhängen. Unterbinden wir das Sehen, so sind wir auf die Sinne angewiesen, die wir sonst nicht so stark gebrauchen — Hören, Berühren und Riechen. Unsere Aufmerksamkeit muß sich auf diese Eindrücke konzentrieren, wodurch sie verstärkt werden. Das Gebrabbel in unserem Gehirn verlangsamt sich durch die Fülle von Informationen, die unsere voll erwachten Sinnesorgane jetzt einlassen.

An meine erste Erfahrung mit verbundenen Augen kann ich mich lebhaft erinnern. Ich wurde einen Pfad zu einem Bach hinunter geleitet, ging bis zu den Knien ins Wasser, planschte darin herum und spürte die Strömung. Mein Führer fragte mich, ob ich stromabwärts schwimmen wollte. Also hinein ins tiefe Wasser. Erst war ich sehr vorsichtig, aber bald konnte ich mich entspannen und mich der Strömung überlassen. Mit wachsender Begeisterung ließ ich meinen Körper von Gegenströmungen erfassen, ihn biegen und wenden mit der Musik des Wassers in den Ohren — Gurgeln, Spritzen, Platschen, Schäumen. Ich hatte bis dahin nicht gewußt, wie herrlich ein Bach ist.

(Aber Vorsicht: Sofern du und dein Führer die Strömung nicht ganz genau kennen und wissen, wie man sich in ihr verhält, solltet ihr lieber eure ersten Blinderfahrungen mit einem der folgenden Spiele machen.)

A

B Sinneswahrnehmung / Vertrauen
C Tag / überall
D 2 oder mehr
E ab 3 Jahre
F Augenbinden

Gehen

ohne zu sehen

Für dieses Spiel tun sich jeweils zwei zusammen — ein Erwachsener und ein Kind, oder nur Kinder. Jedes Paar entscheidet, wer zuerst führt und wem die Augen verbunden werden. Der Führer wählt eine Strecke, die ihm spannend zu sein scheint und achtet beim Laufen auf Baumstämme, niedrige Zweige und sonstige Hindernisse. Er läßt seinen blinden Partner nach interessanten Objekten tasten und führt ihn dorthin, wo es etwas zu hören oder zu riechen gibt.

Einem Baum begegnen

A 

B Einfühlen / Riechen und Tasten
C Tag / Wald
D 2 oder mehr
E ab 4 Jahre
F Augenbinden

Dies ist ein Spiel in Paaren. Verbinde die Augen deines Partners und führe ihn durch den Wald zu irgendeinem Baum, der dich anzieht. (Wie weit hängt vom Alter deines Partners ab und seiner Fähigkeit, sich zu orientieren. Außer für ganz Kleine ist eine Entfernung von zwanzig bis dreißig Metern nicht zu weit.)

Hilf dem »blinden« Kind, seinen Baum kennenzulernen. Das geht am besten mit konkreten Vorschlägen. Zum Beispiel werden die Kinder auf die Aufforderung, den Baum zu erforschen, nicht mit solchem Interesse reagieren, als wenn du sagst, *»Reibe deine Backe an der Rinde«*, oder sie fragst, *»Lebt der Baum noch? ... Kannst du ihn mit deinen Armen umfassen? ... Ist der Baum älter als du? ... Kannst du Pflanzen finden, die auf ihm wachsen? ... Spuren von Tieren? ... Flechten? ... Insekten?«*

Wenn dein Partner mit dem Baum gründlich Bekanntschaft gemacht hat, führe ihn zum Ausgangspunkt zurück, aber auf einem anderen Weg. (Du kannst dir einen Spaß daraus machen, ihn über imaginäre Baumstämme steigen zu lassen und durch ein Dickicht zu führen, das ihr leicht hättet umgehen können.) Nun nimm die Augenbinde ab und laß das Kind seinen Baum wiederfinden. Auf der Suche nach *seinem* Baum wird plötzlich das, was vorher Wald war, eine Gruppe von höchst individuellen Bäumen.

Ein Baum kann zu einer unvergeßlichen Erfahrung im Leben eines Kindes werden. Oft sind Kinder noch ein Jahr später zu mir zurückgekommen und haben mich in den Wald hinausgezogen, um mir zu sagen: »Schau, hier ist mein Baum!«

Blinde Karawane

A 

B Sinneswahrnehmung / Vertrauen
C Tag / überall
D 1 oder mehr
E ab 5 Jahre
F Seil, Augenbinden

Von einem Seil geleitet, zieht die blinde Karawane durch ein Land voller merkwürdiger Geräusche, geheimnisvoller Gerüche und eigenartiger Gegenstände. Die meisten Reisenden können kaum erwarten, bis sie ihren Weg durch dieses Zauberland mit offenen Augen nachvollziehen dürfen.

Damit die Reise aufregend wird, suche einen Platz aus, der viele verschiedene Erfahrungen ermöglicht. Ein guter Pfad kann zum Beispiel so aussehen: Ihr geht einen schattigen Waldweg entlang, klettert über einen mit Moos bewachsenen Stamm, tretet auf eine von Sonnenlicht durchflutete Lichtung mit summenden Bienen, taucht wieder in den Wald ein, wo ihr jetzt unter dem dichten grünen Dach einer Fichtenschonung durchkriecht, und fühlt und hört die knisternden, glatten, trockenen Nadeln unter euren Händen und Knien. Der Geruch feuchter Vegetation und ein Chor aufgescheuchter Enten lassen euch vermuten, daß ihr an einem Weiher angekommen seid.

Um einen wirklich guten Pfad für die blinde Karawane abzustecken, muß man sich Zeit nehmen; aber selbst ein schnell improvisierter Weg kann sich lohnen. Wichtig sind dabei folgende Elemente: Zum Beispiel kannst du für den Tast-, Hör- und Geruchssinn verschiedene Erfahrungen schaffen; oder Kontraste für ein Sinnesorgan — einen rauhen und einen glatten Stein, zarte junge Blätter oder trockenes, raschelndes Laub; oder ein starker, feuchter Geruch und ein süßer Frühlingsduft. (Ein Knoten im Seil kann anzeigen, daß es in der Nähe etwas Interessantes zu riechen gibt.) Oder du läßt das Seil rauf- und runtergehen, indem du es hoch über dem Kopf oder ganz dicht am Boden festbindest, und sorgst so für Abwechslung.

Wenn du das Spiel unter ein bestimmtes Thema stellst, so hilfst du den Kindern, die verschiedenen Erfahrungen miteinander zu verbinden, besonders wenn du es ihnen vorher sagst. Mögliche Themen sind: die Bestimmung eines Baumes, die Erforschung des Lebensraumes eines Tieres oder der Kontrast zwischen örtlichen Klimagebieten. (Ein örtliches Klimagebiet ist klar begrenzt, wie zum Beispiel die schattige Nordseite eines Hügels mit ihren spezifischen Temperatur-, Feuchtigkeits- und Vegetationsverhältnissen.) Es ist leicht, die Sache geheimnisvoll zu machen, denn alles Unbekannte ist geheimnisvoll. So könntest du eine Schnur vom Hauptpfad abzweigen lassen und in einen ausgehöhlten Baum führen, und hättest die Kinder sicher in Staunen versetzt.

Entscheide, auf welcher Seite des Seiles die Kinder gehen sollen, bevor du den Pfad absteckst. (Vergiß nicht, ihnen zu sagen, daß sie auf dieser Seite bleiben sollen.) Wichtig ist auch, an die Sicherheit der Kinder zu denken und darauf zu achten, daß sie nicht mit giftigen Pflanzen oder Tieren in Berührung kommen.

Eine friedliche, aufnahmebereite Stimmung ist die beste Voraussetzung, daß die Kinder Freude an diesem Spiel haben. Laß ihm deswegen eine ruhige Aktivität vorausgehen: lies zum Beispiel eine Geschichte vor. Bevor die Kinder losgehen, kannst du ihre Hände über einen Baumstamm führen. Laß sie den Baum umarmen und frage sie, wie dick er ist und wie er sich anfühlt. Gib ihnen ein Blatt, um daran zu riechen. So stimmst du sie darauf ein, den Pfad zu erforschen und nicht einfach durchzulaufen. Wichtig ist, daß sie dabei still sind.

Blinde Karawane ist eines meiner Lieblingsspiele. Es entwickelt Empfindsamkeit und Aufnahmefähigkeit, die für jede Art von Naturerleben notwendig sind.

A 

B Konzentration, Einfühlen
C Tag und Nacht/ überall
D 1 oder mehr
E ab 4 Jahre
F keine

Rollenspiel

Laß dich als Same einer Pusteblume am »Fallschirm« frei durch die Luft treiben. Oder du bist ein Baum und fühlst, wie deine obersten Zweige mit dem Wind hin und her schwingen; ein junger Fuchs, der auf einer Waldwiese herumtollt, oder ein Bär in seiner Winterhöhle.

Beim Rollenspiel geht es darum, daß du dich in Stimmungen, Eigenschaften und Verhaltensweisen verschiedenster Lebensformen einfühlst, sie dir zu eigen machst und spürst, wie dein Herz und dein Verstand darauf reagieren.

Mensch zu sein — Kurt der Manager, oder Lilli das Schreibmädchen — ist manchmal beengend. Unsere Lebensfreude beruht auf unserer Fähigkeit, die Gefühle anderer Geschöpfe nachempfinden zu können und so sich selbst vergessend den eigenen Begrenzungen (Beruf, Titel usw.) zu entrinnen.

Wähle ein Tier, eine Pflanze, einen Baum, einen Felsen, einen Berg — was immer dir in den Sinn kommt — und stelle dir vor, das zu *sein.* Versuche mit deinem Körper und deiner Fantasie das Sein, die Bewegungen und die Gefühle dieser anderen Form der Schöpfung zu erfahren. Bei deinem Tanz im Schilf läßt du deine Libellenflügel in der Sonne spielen. Der Schnee unter deinen Fuchspfoten ist weich und kalt;

dein dickes Fell schützt dich gegen den eisigen Wind, aber dein leerer Magen knurrt: Hungrig beobachtest du eine Maus, die über den Schnee trippelt und alle Augenblicke anhält, um an den gefrorenen Gräsern zu schnuppern.

Je mehr du dich in eine Rolle hineingeben, je tiefer du dich konzentrieren kannst, um sc stärker wirst du dich mit dem Charakter und den Gefühlen der von dir gewählten Lebensform eins fühlen und sie von innen heraus verstehen.

Einfache Szenen, wie der Löwenzahnsame oder der schwingende Baum, eignen sich am besten für Anfänger im Rollenspiel. Auch Gruppenübungen sind empfehlenswert — man ist weniger befangen, wenn die anderen um einen herum das gleiche tun. Versuch eine Schlange zu sein oder eine Nacktschnecke, die sich an einen Salatkopf heranmacht, oder du vollziehst den Lebenszyklus einer Buche nach: Same im Boden, zarter Trieb, Aufwachsen zu einem mächtigen Baum, Welken, Absterben und Rückkehr in den Boden, aus dem du dein Leben gezogen hast — den ganzen Kreislauf in vielleicht nur ein oder zwei Minuten. Mit wachsendem Vertrauen und stärkerer Konzentration werden dir auch schwierigere Rollen Spaß machen.

Ein Zug grüngeflügelter Krickenten fliegt flach über die Moorwiese, biegt ab und steigt nach oben. Jede Ente ist auf den Leitvogel eingestimmt, und der Schwarm bewegt sich wie ein Körper. Anmutig läßt er sich auf dem spiegelnden Wasser nieder.

Oder etwas ganz anderes: Du veranstaltest eine öffentliche Anhörung zu der Frage, ob an einem bestimmten Fluß ein Damm gebaut werden soll. Lobbyisten treten auf — ein Bauer, ein Fischer, eine Pappel, eine Sumpfdotterblume, eine Forelle, ein Lachs, ein Reh, ein Wasserläufer, ein Eisvogel, eine Mücke und wer sonst noch gehört werden sollte.

Wichtig bei diesem Spiel ist eine unkritische und unterstützende Atmosphäre. Laß jedes Kind in seinem eigenen Tempo spielen, ohne jegliche Angst vor Vergleich und Konkurrenz.

2

Augen auf

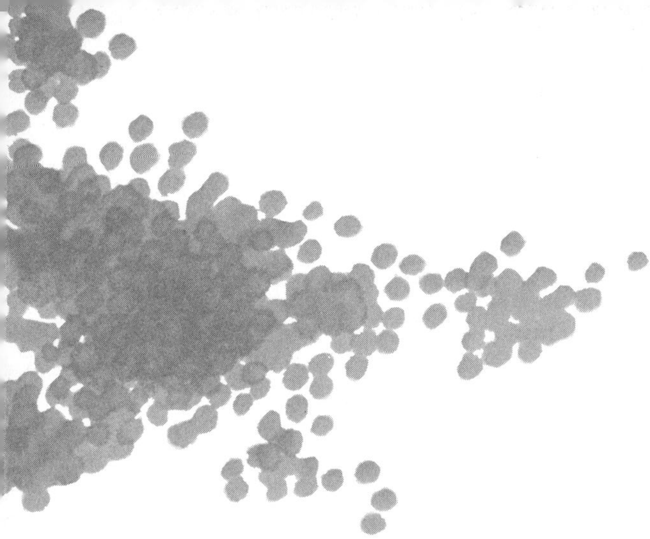

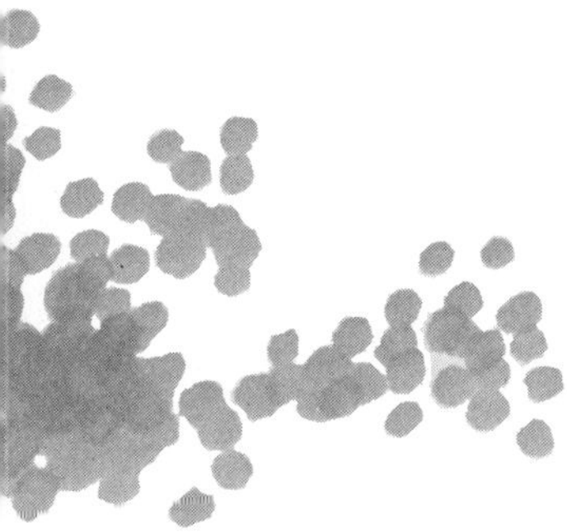

Sobald Kinder in einer neuen Umgebung sind, fangen sie an, ihre Fähigkeiten zu erproben. Sie rennen steile Abhänge hinunter, waten durch Bäche, klettern auf Bäume, rutschen eine Kiesgrube hinunter oder besteigen einen großen Felsen. Die Spiele in diesem Abschnitt nutzen diesen Abenteuergeist, um in den Kindern mehr Gefühl und Bewußtsein für ihre Umwelt zu entwickeln.

Selbst eine einfache Tageswanderung kann zu einem Abenteuer werden, bei dem die Wahrnehmung der Kinder erhöht wird und sie etwas lernen. Wenn wir bei einer Wanderung den Umkehrpunkt erreicht haben, bitte ich die

Gruppe oft, uns zurückzuführen. (Auf dem Hinweg habe ich die Kinder mehrmals auf besondere Stellen hingewiesen und sie aufgefordert zurückzusehen, um ihnen für den Rückweg Anhaltspunkte zu geben.) Einen Augenblick lang sind sie verduzt, wenn sie merken, daß sie den Weg zurück selbst finden sollen; aber bald beginnen sie zu beratschlagen und einigen sich nach einer Weile auf einen Führer und eine Richtung. Oft werfen sie mir vor, daß ich wohl selbst den Weg nicht mehr wüßte. Fast immer gelingt es ihnen, ohne meine Hilfe zurückzufinden..., was allerdings auch schon die ganze Nacht gedauert hat.

Wir befanden uns einmal auf einer Nachtwanderung, als wir den Ruf einer Eule aus der Ferne hörten. Wir versuchten ihr näher zu kommen, aber jedesmal flog sie tiefer in den Wald hinein. Als wir um Mitternacht noch immer nicht an sie herangekommen waren, mußten wir einsehen, daß es an der Zeit war, zum Lager zurückzukehren. Ich fragte die Jungen, welches wohl der beste Weg nach Hause sei, und sieben Finger wiesen in alle Himmelsrichtungen.

Mit Regen war nicht zu rechnen und für eine Nacht auf der Hochebene war es nicht besonders kalt; so sagte ich, sie sollten versuchen, ohne meine Hilfe zurückzugelangen. Der älteste Junge übernahm die Führung, und ich bildete den Schluß. Aber bald war offensichtlich, daß er den Weg nicht fand. Sein Status in der Gruppe hielt die anderen eine Weile davon ab, ihre Zweifel zu äußern; als wir aber an unserem Ausgangspunkt wieder anlangten, wurde er abgesetzt, und ein anderer übernahm die Führung. So streiften wir im dunklen Wald umher, während immer wieder hoffnungsvoll einem anderen die Führung übertragen wurde. Schließlich

überwanden die Jungen ihren Stolz und gaben zu, daß sie im Dunklen den Weg nicht zurückfinden könnten.

Mir schien, daß die meisten draußen schlafen wollten, um es am Morgen erneut zu versuchen. Wir taten's, obwohl wir keine Schlafsäcke hatten und auch keine warmen Kleider, und drückten uns aneinander, um warm zu bleiben. Die mit der leichtesten Kleidung kamen in die Mitte, und wir anderen legten uns daneben und darüber.

Eine halbe Stunde ging es gut, bis diejenigen, die in der Mitte eingekeilt waren, begannen, sich aus dem Haufen herauszuwinden. Die Jungen an der Außenseite nutzten ihre Chance, etwas Wärme abzukriegen, und drängelten nach innen. Wer oben war, fror, und wer unten war, wurde gequetscht; so war der Haufen in dauernder Bewegung, und man kam nur selten dazu, sich an einem warmen Fleckchen auszuruhen.

Vier Stunden später versprach ein grauer Schimmer im Osten das Ende des Gerangels. Wir standen auf und stampften und tanzten, um warm zu bleiben, bis die Sonne aufging.

Bei Tageslicht fiel es der Gruppe nicht schwer, sich zu orientieren und den Weg nach Hause zu finden. Wir erreichten das Lager mit Ringen unter den Augen, aber voller Stolz über unseren Sieg. Im Jahr darauf wollten die Jungen unbedingt wieder im Freien bivakieren.

Einer solchen Erfahrung muß man sich nicht aussetzen — es sei denn, man hat Lust dazu. Auch ohne solch ein Abenteuer sind die Spiele in diesem Kapitel geeignet, in den Kindern den Wunsch zu wecken, die Natur genau zu beobachten.

A

B Hören
C Tag und Nacht/ überall
D 1 oder mehr
E ab 3 Jahre
F keine

Töne

In Wald, Wiese, Moor oder Park legen sich die Kinder auf den Rücken und halten beide Fäuste hoch in die Luft. Jedesmal wenn jemand einen neuen Vogelgesang hört, streckt er einen Finger aus. Wer hat das beste Gehör? So lernen die Kinder, auf die Laute — und die Stille — der Natur zu horchen. »*Versucht einmal, ob ihr bis zehn zählen könnt, ohne Vogelgezwitscher zu hören.*« Das Spiel könnt ihr erweitern auf andere Tiergeräusche oder die Stimmen der Natur: rauschenden Wind, fallende Blätter, murmelndes Wasser...

A

B Sehen
C Tag / überall
D 1 oder mehr
E ab 4 Jahre
F keine

und Farben

Um die Wahrnehmung der Kinder in der Natur zu schärfen, frage sie, wieviele Farben oder Farbtöne sie vor sich sehen können, ohne den Kopf zu bewegen.

Verstecken

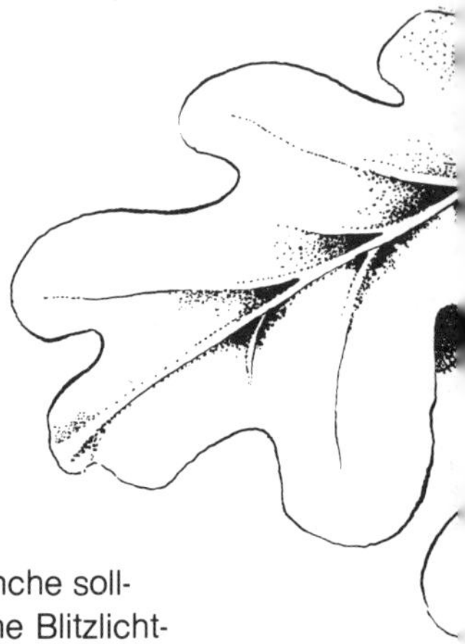

Dieses Spiel soll den Sinn für Tarnfarben und Anpassung in der Tierwelt wecken.

Entlang eines Pfades von etwa 18 Metern verteile zehn bis fünfzehn künstliche Gegenstände. Manche sollten sich deutlich abheben — etwa eine Blitzlichtbirne oder ein Luftballon; andere sollten sich so in ihre Umgebung einfügen, daß man sie schwer davon unterscheiden kann. Behalte für dich, wieviele Dinge du versteckt hast.

Die Kinder gehen einzeln und in Abständen den Pfad entlang und versuchen, möglichst viele der versteckten Dinge zu entdecken (ohne sie wegzunehmen). Am Ende flüstern sie in dein Ohr, wieviele sie ausfindig gemacht haben. Wenn niemand alle Gegenstände gefunden hat, sage den Kindern, wieviele gesehen wurden, daß es aber noch mehr gibt, und laß sie noch einmal von vorne beginnen.

Beende das Spiel mit einem Gespräch über den Nutzen, den Tarnfarben für Tiere haben. Dann geh auf die Suche nach kleinen, getarnten Tieren (Insekten, Spinnen usw.).

Entdecken

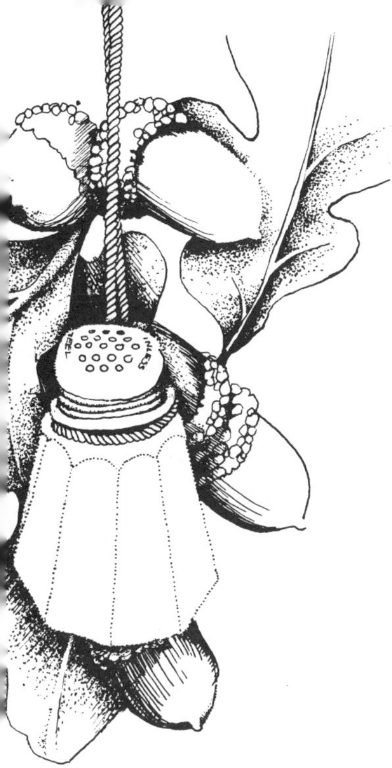

A 

B Tarnen, Sehen
C Tag / Wald, Dickicht
D 1-12
E 5-13 Jahre
F Künstliche Gegenstände

A 

B Konzentration, Sinneswahrnehmung
C Tag / Wald, Dickicht
D 2-7 je Führer
E ab 6 Jahre
F Augenbinden

Ausflug einer Raupe

Geh mit den Kindern an einen verschwiegenen Ort. Verbinde ihre Augen, stelle sie hintereinander auf und laß sie ihre Hände einander auf die Schultern legen. Nun führst du die blinde Raupe durch die Natur. Die Kinder sollen dabei versuchen, soviel wie möglich von ihrer Umgebung zu erfassen — durch Horchen, Riechen und Tasten. Bleib an interessanten Punkten stehen, um Bäume oder Felsen zu betasten oder an duftenden Blumen oder Büschen zu riechen. Je mehr Abwechslung der Weg bietet, um so besser: Führe die Raupe vom Weg herunter auf weichen Untergrund, in ein trockenes Flußbett, durch schattigen Wald, auf eine sonnige Lichtung.

Wenn du merkst, daß die Aufnahmefähigkeit der Kinder nachläßt, nimm die Binden von ihren Augen. Die Kinder müssen nun versuchen, auf der gleichen Route zurückzufinden. Manchmal lasse ich sie vorher eine Karte oder ein Bild malen, wie sie sich die Gegend vorstellen, durch die wir gegangen sind. So übersetzen sie die Erfahrungen, welche sie mit Ohren, Nase und Händen gemacht haben, in Bilder.

A 

B Auskundschaften, Orientieren, Sinneswahrnehmung
C Tag / überall
D 2 oder mehr
E ab 6 Jahre
F Augenbinden

Entengeschnatter kann einen Weiher oder Sumpf bedeuten, Duft läßt auf Blumen schließen. Laß die Kinder so weit wie möglich den Rückweg selber finden.

Achtung: Raupen mit mehr als sechs Gliedern verwirren sich leicht und sind schwer zu führen.

Mit den Händen sehen

Dies ist eine Kurzfassung des vorigen Spiels. Verbinde einem Kind die Augen und sage ihm, daß du es an einen nahegelegenen Ort führst. Diesen Ort soll das Kind so intensiv wie möglich auskundschaften. Wenn es meint, alles erforscht zu haben, führe es zum Ausgangspunkt zurück — immer noch mit verbundenen Augen. Nun nimmst du die Binde ab und läßt das Kind den Platz, den seine Hände bereits kennen, suchen.

A 

B Gedächtnis, Sehen
C Tag / überall
D 2 oder mehr
E ab 5 Jahre
F 2 Tücher

Dies ist ein gutes Beispiel, um das Interesse der Kinder an Steinen, Pflanzen und Tieren zu wecken. Bevor du beginnst, sammle in der unmittelbaren Umgebung — ohne daß die Kinder es merken — zehn natürliche Gegenstände, wie Steine, Eicheln, Tannenzapfen, Blätter, Schneckengehäuse, Federn und dergleichen. Lege sie auf ein Tuch und bedecke sie mit einem zweiten. Nun rufe die Kinder zusammen und sage ihnen: *»Unter diesem Tuch liegen zehn Dinge, die ihr hier in der Natur finden könnt. Schaut genau hin, wenn ich das Tuch einige Augenblicke hochhebe (etwa dreißig Sekunden), und behaltet möglichst alles im Kopf.«*

Nun ziehen die Kinder los und suchen nach gleichen Gegenständen. Nach fünf Minuten rufst du sie zurück. Wenn alle da sind, ziehst du jeden Gegenstand einzeln hervor, fragst, wer etwas Gleiches gefunden hat, und erzählst interessante Geschichten darüber.

Die Kinder werden voll lebhafter Neugierde dabei sein. Wenn du das Spiel mehrmals wiederholst, wirst du deutlich merken, wie sich ihre Konzentration und Erinnerungsfähigkeit verbessern.

Memory

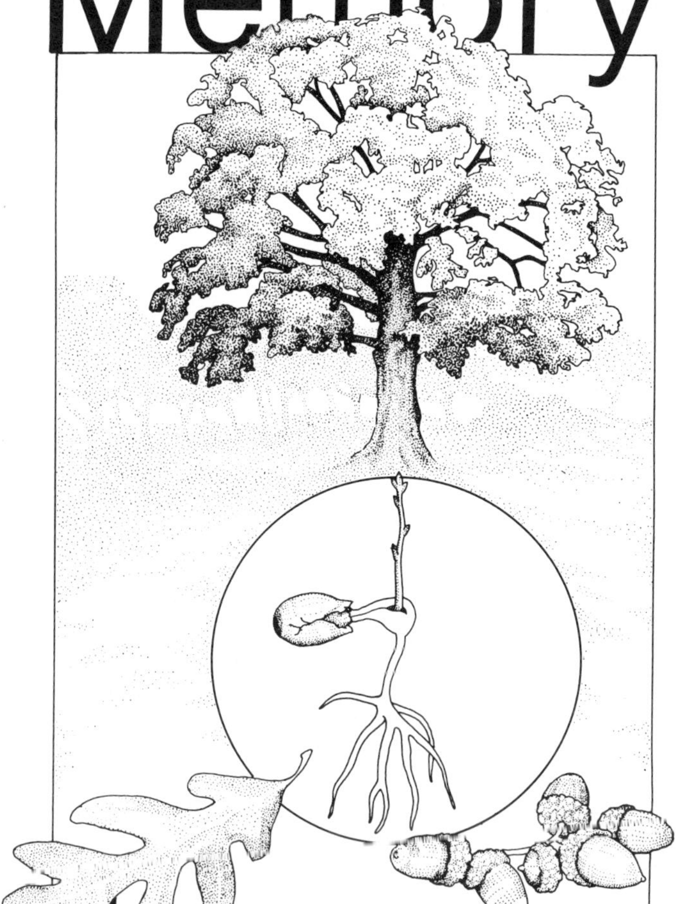

Memory

A 

B Erforschen der Bodenoberfläche
C Tag / überall
D 1 oder mehr
E ab 4 Jahre
F Schnur, Vergrösserungsgläser

Entlang einer Schnur, die nicht mehr als ein bis zwei Meter lang ist, machen die Kinder eine Expedition in die Welt des Kleinen. Mit einer Lupe in der Hand robben sie Zentimeter für Zentimeter auf dem Bauch vorwärts und entdecken dabei Naturwunder, wie Grashalme, die sich unter regenbogenfarbigen Tautropfen biegen, farbenprächtige, goldglänzende Laufkäfer oder eine achtäugige Wolfsspinne. Du wirst staunen, mit welcher Hingabe besonders jüngere Kinder die Miniaturwelt erforschen.

Mit der Lupe unterwegs

Das Spiel beginnt damit, daß sich die Kinder selbst ein Wegstück aussuchen, das ihnen vielversprechend erscheint, und ihre Schnur dort entlang spannen. Gib jedem Kind ein Vergrößerungsglas in die Hand; es erlebt die Welt dann so, als wäre es zur Größe einer Ameise zusammengeschrumpft. Mit Fragen kannst du die Fantasie der Kinder anregen: *»In welcher Welt bewegst du dich gerade? Wer sind deine nächsten Nachbarn? Sind sie freundlich? Arbeiten sie schwer? Was hat diese Spinne vor — wird sie dich auffressen oder auf ihren Rücken nehmen? Wie würdest du dich fühlen, wenn du dieser metallisch-grüne Käfer wärst? Wie verbringt er seinen Tag?«*

Sage den Kindern zu Anfang, daß sie ihre Augen nicht mehr als dreißig Zentimeter über den Boden erheben dürfen.

3

Gleich-
gewicht
der Natur

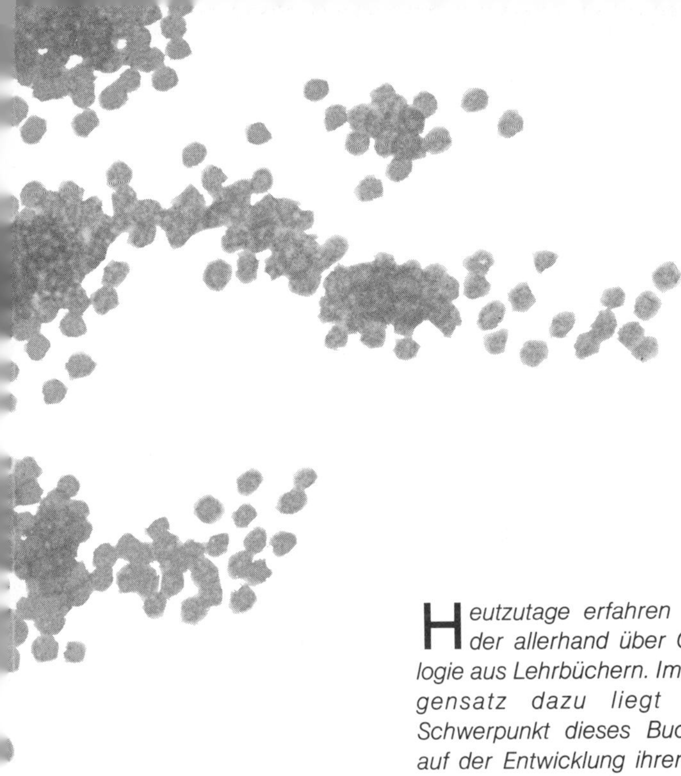

Heutzutage erfahren Kinder allerhand über Ökologie aus Lehrbüchern. Im Gegensatz dazu liegt der Schwerpunkt dieses Buches auf der Entwicklung ihrer gefühlsmäßigen und intuitiven Fähigkeiten. Jedoch sind Gefühle allein oft nicht genug, besonders dann, wenn andere sie nicht teilen. Vor Jahren machte ich eine Erfahrung, die mich von dieser Wahrheit überzeugte. Sie erweckte in mir den Wunsch, mein intuitives Verständnis der Natur mit Fachkenntnissen zu untermauern.

Hinter dem Bauernhof, auf dem ich lebte, gab es ein kleines Sumpfgebiet. Dort verbrachte ich den größten Teil

meiner Freizeit, und auch ein anderes Lebewesen kam oft hierher — ein Bussard. Er saß meistens auf einer der abgestorbenen Eichen, von wo er die Gegend unbehindert überblicken konnte. Nach einigen Monaten hatte er sich so an mich gewöhnt, daß er, selbst wenn ich ihm nahe kam, auf seinem Ast sitzen blieb.

Tagsüber pflegte ich öfter aufs Hausdach zu klettern und über den Obstgarten hinweg dort hinüber zu spähen; ich konnte erkennen, ob der Bussard — 150 Meter entfernt — auf seinem Posten war. So entwickelte sich im Laufe der Zeit ein Gefühl der Freundschaft zwischen uns.

Nachdem ich ein paar Tage fort gewesen war, ging ich eines Morgens hinaus zum Sumpf, um zu sehen, ob alles in Ordnung war. Zu meinem Entsetzen mußte ich entdecken, daß die Eichen umgeschlagen worden waren und brannten und daß ein Mann gerade dabei war, die letzte zu fällen — eben den Lieblingsausguck des Bussards.

Ich versuchte ihn zu überreden, den Baum stehen zu lassen, aber er sagte, er sei tot und nutzlos und so werde er ihn abhacken und verbrennen. Ich entgegnete, daß er niemandem im Wege stehe und weil er tot sei, auch kein Wasser und keine Bodennährstoffe verbrauche. Aber der Mann war nicht zu rühren, und da der Baum auf seinem Land stand, konnte ich nichts machen. Nachdem die Eichen gefällt waren, sah ich den Bussard nur noch selten wieder.

Mein Herz hatte zu dem Baumfäller gesprochen, ohne daß ich über das Wissen verfügte, um meine Gefühle begründen zu können. Ich spürte, daß auch tote Bäume wertvoll waren, aber ich wußte damals noch nicht warum. Später stieß ich auf Informationen, die den Mann vielleicht hätten einsehen lassen, warum das Fällen jener Eichen schlechte Folgen haben könnte. Zum Beispiel bieten tote Bäume vielen Vögeln — wie Kleibern und Spechten — Unterschlupf, die schädliche Insekten fressen.

Mindestens sechs Kinder müssen hier mitmachen. Gib allen einen Zettel und lasse sie darauf den Namen einer Pflanze oder eines Tieres schreiben, die in der Gegend vorkommen. Die Spieler werden wie in der Turnstunde eine Pyramide bauen, aber verrate ihnen das erst, wenn du die Zettel wieder eingesammelt hast.

Jetzt fängt der Spaß an: »*Wer versorgt die Erde mit Energie? ... Die Sonne. ... Richtig! Welches ist die erste Lebensform, die diese Energie verwandelt? ... Die Pflanzen. ... Wieder richtig. Jetzt werden wir eine Pyramide bauen.*«

Vielleicht wird man einige Seufzer hören, wenn die »Pflanzenkinder« ihr Schicksal erkennen.

»*Die Pflanzen kommen zuunterst, weil sich alle Tiere direkt oder indirekt von ihnen ernähren. Alle Pflanzen stellen sich hier dicht nebeneinander in eine Reihe und gehen auf alle Viere herunter. Nun lese ich die Tiernamen vor, die ihr auf die Zettel geschrieben habt, und ihr sagt mir, ob sie Pflanzen- oder Fleischfresser sind. Alle Pflanzenfresser stellen sich in einer Reihe hinter die Pflanzen. Alle Fleischfresser bilden eine weitere Reihe dahinter.*«

Es wird fast immer mehr Kinder in den höheren Ebenen geben als unten bei den Pflanzen. Es ist viel lustiger, ein Wolf oder ein Adler zu sein als ein Löwenzahn oder eine Bisamratte. Bescheidenheit stimuliert eben selten die Fantasie. Mit so vielen oben und so wenigen unten ist es unmöglich, eine stabile Pyramide zu errichten. Einigen Raubtieren wird nichts anderes übrigbleiben, als ihre Spitzenstellung aufzugeben. Laß die Kinder ihre Pyramide so umbauen, daß sie ohne Schwierigkeiten alle ihre Mitglieder trägt. (Sag den größeren Kindern, daß sie sich in Pflanzen verwandeln können, wenn sie wollen.) Offensichtlich wird die Zahl der Tiere immer geringer, je höher sie in der Nahrungskette stehen. Versuch einmal, eine Pflanze aus der Pyramide herauszunehmen, und jeder wird sehen, wie wichtig Pflanzen sind.

A 

B Gleichgewicht der Natur, Nahrungskette
C Tag / Wiese
D 6 oder mehr
E ab 7 Jahre
F Papier und Bleistifte

Lebenspyramide

A

B Schönheitssinn, Gleichgewicht der Natur
C Tag / Wald
D 2 oder mehr
E ab 7 Jahre
F Papier und Bleistifte

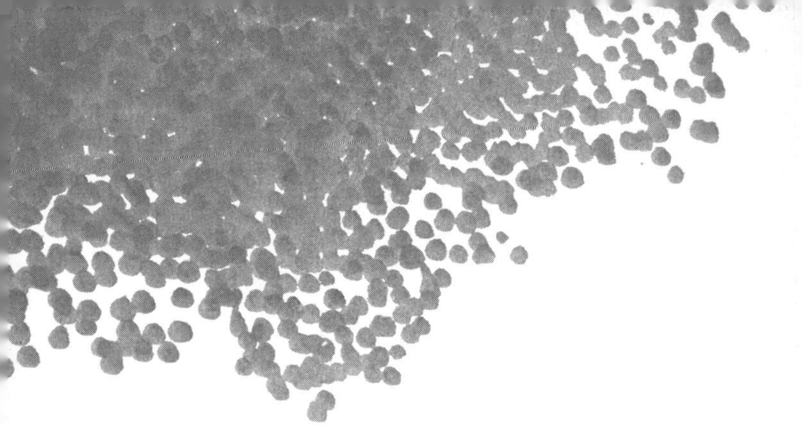

Fantasie wald

In diesem Fantasiespiel erhält jedes Kind ein großes Stück Land, um darauf einen Märchenwald entstehen zu lassen — mit beliebig vielen Bäumen, Tieren, Bergen, Schluchten und Bächen. Um die Fantasie der Kinder anzuregen, kannst du ihnen einige Vorschläge machen:

»Macht euren Wald schön und aufregend; es kann darin Wasserfälle, Stürme oder einen immerwährenden Regenbogen geben ... «

Laß die Kinder zuerst aufschreiben, was in ihrem Wald alles vorkommt, und dann ein Bild malen. Am Schluß besprichst du mit ihnen, ob ihr Wald fähig ist, sich Jahr für Jahr selbst zu erhalten. Sind zum Beispiel alle Glieder der Nahrungskette vertreten? Pflanzenfresser, Pflanzen und Humusbildner, wie Ameisen, Pilze und Bakterien? Achte darauf, daß die Kinder Faktoren wie Boden und Klima nicht übersehen.

Netz
knüpfen

In diesem Spiel wird die wechselseitige Abhängigkeit aller Teile der Natur für die Kinder lebendig. Sie erfahren, wie Luft, Boden, Pflanzen und Tiere in einem ausgeglichenen Lebensgewebe miteinander verbunden sind.

Die Kinder bilden einen Kreis. Du stellst dich in den Kreis nahe am Rand, mit einem Knäuel Schnur in der Hand:

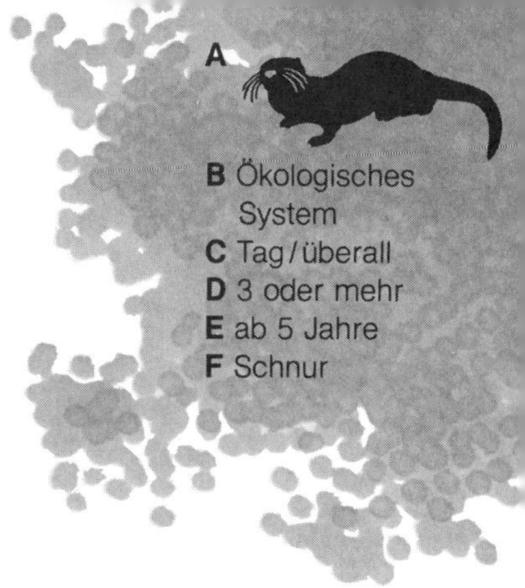

»Wer kann eine Pflanze nennen, die in dieser Gegend wächst? ... Löwenzahn. ... Gut. Hier, Fräulein Löwenzahn, halte den Anfang der Schnur fest. Kennt jemand ein Tier, das den Löwenzahn frißt? ... Kaninchen. ... Oh, was für ein üppiges Mahl. Meister Lampe, du faßt die Schnur hier an; du bist mit Fräulein Löwenzahn verbunden, weil du dir aus ihren Blättern dein Mittagessen bereitest. Nun, und wer fängt sich das Kaninchen, um es zu verspeisen?«

Während du so ein Kind nach dem anderen mit der Schnur verbindest, wird deutlich, daß sie alle miteinander in Beziehung stehen und voneinander abhängen. Bring neue Elemente ins Spiel, andere Tiere, Erde, Wasser und so weiter, bis alle Kinder im Kreis in einem symbolischen Lebensnetz miteinander verwoben sind. Nun habt ihr euer eigenes Ökosystem geschaffen.

Um zu demonstrieren, wie wichtig jeder einzelne für die ganze Gemeinschaft ist, laß auf plausible Weise ein Mitglied ausfallen. Zum Beispiel tötet ein Feuer oder ein Holzfäller einen Baum. Wenn der Baum fällt, reißt das Kind, welches ihn verkörpert, an der Schnur in seiner Hand. Jeder, der den Ruck fühlt, ist vom Tod des Baumes betroffen und zieht nun seinerseits an der Schnur ... und so weiter, bis jeder spürt, daß durch die Zerstörung des Baumes das Gleichgewicht aller gestört ist.

Räuber

A 

B Nahrungskette
C Tag / Wiese
D 6 oder mehr
E ab 5 Jahre
F Augenbinden, Glocken

Hier geht es um Nahrungsketten. Die Kinder stellen sich in einen Kreis von etwa fünf Meter Durchmesser. Zweien verbindest du die Augen und läßt sie in die Mitte treten. Nun nennt eines von beiden ein Raubtier, das in der Gegend lebt, und das andere ein Beutetier. Der Räuber versucht seine Beute durch Lauschen aufzuspüren und verfolgt sie, bis er sie zu fassen kriegt. Falls einer von beiden zu nah an den Kreis kommt, klopfen ihm die Kinder zweimal auf den Rücken. Wichtig ist Ruhe während der Jagd. Das Spiel wird realistischer, wenn die beiden Akteure die Tiere, die sie gewählt haben, imitieren. Zur Abwechslung kannst du die Zahl der Räuber und Opfer verändern. Wenn du einigen Tieren Glocken umhängst, sind sie gezwungen, ihre Jagd- oder Fluchtstrategie zu ändern. Sollten die Räuber nicht mutig genug sein oder fehlt es an Spannung, so verkleinere den Kreis und bringe so den Räuber und seine Beute näher zusammen.

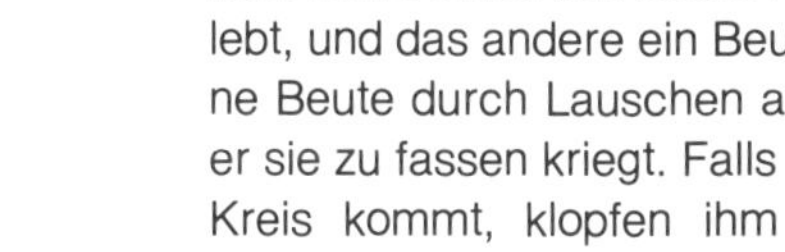

Beute

Rund um den Moorsee

A

B Anpassung, wandernde Pflanzenzonen
C Tag / Moorsee
D 1 oder mehr
E ab 10 Jahre
F Papier und Bleistifte

Ändern sich in einem Gebiet die Boden- und Wasserverhältnisse, so bewirkt das eine Veränderung der Vegetation: Neue Pflanzenarten siedeln sich allmählich an und die alten sind gezwungen »auszuwandern« — sofern sich ihnen günstigere Bedingungen bieten. Dieser Prozeß läßt sich besonders gut in der Umgebung eines Moorsees oder Weihers beobachten, besonders wenn das Ufer zum Wasser abfällt. Je weiter du dich vom See entfernst, desto trockener wird der Boden; auch verändert sich seine Zusammensetzung. Du wirst bemerken, daß sich die Vegetation in ringförmigen Zonen mit jeweils besonderen Pflanzenarten um den See herum anordnet. Um den Prozeß der Pflanzenwanderung tatsächlich wahrnehmen zu können, müßtest du die Veränderungen in und um den See über viele Jahre hinweg beobachten. Sie entstehen dadurch, daß die absterbenden Pflanzen langsam Erde bilden und der Boden dadurch trockener wird. Pflanzen, die feuchten Boden mögen, können dann leicht von denen verdrängt werden, die trockeneren Untergrund vorziehen. Mit dem Anwachsen der verrotteten Biomasse wird der See langsam kleiner und kleiner, bis er schließlich ganz austrocknet; dabei wandern die Vegetationszonen allmählich nach innen. Wenn man genau hinschaut, kann man diesen Prozeß zu jedem Zeitpunkt erkennen. Laß die Kinder auf allen Vieren von außen zum Ufer kriechen. Durch den nahen Kontakt mit dem Boden und genaues Hinsehen werden die Kinder ein Gefühl dafür entwickeln, welche Art von Erde die verschiedenen Pflanzentypen brauchen. Ermuntere die Kinder, unterwegs ihre Entdekkungen auszutauschen. Wo sind die Übergänge zwischen den verschiedenen Zonen mit den jeweils besonderen Bäumen, Büschen, Blumen, Gräsern, feuchterem und stärker duftendem Boden? Laß jedes Kind am Schluß eine Karte zeichnen, auf der es die aufeinanderfolgenden Vegetationsringe einträgt, diese von naß zu trokken kennzeichnet und die Pflanzen, die dort wachsen, aufschreibt.

4

Lernen macht Spaß

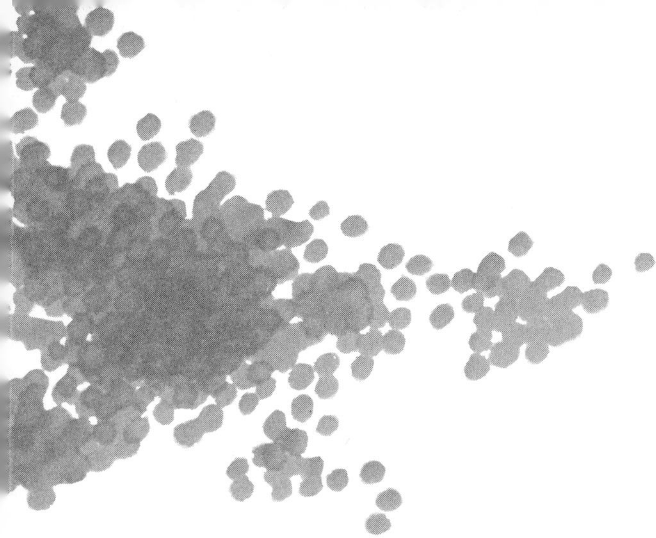

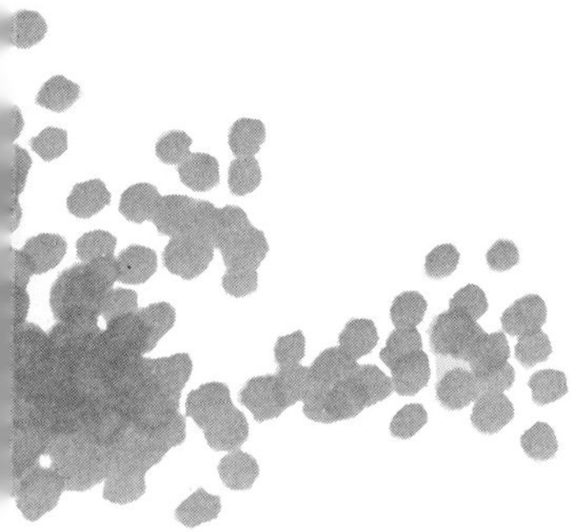

Lernen muß spannend sein und den Kindern Spaß machen. Eine Möglichkeit, ihr Interesse zu wecken, besteht darin, Eigenschaften hervorzuheben, die Tiere und Pflanzen mit Menschen gemeinsam haben. Zum Beispiel spreche ich mit Kindern, bevor ich mit ihnen zu einem See gehe, eine Weile über Wasserinsekten:

»Was für Hilfsmittel gebrauchen Menschen, um sich im Wasser zu bewegen und zu atmen?«

»Flossen, Taucheranzüge, Sauerstoffgeräte, Taucherbrillen.«

»Wußtet ihr schon, daß Wasserspinnen und -insekten vor den gleichen Atemproble-

men stehen und sie auf die gleiche Weise lösen wie der Mensch? Zum Beispiel baut sich die Wasserspinne eine luftgefüllte Taucherglocke unter Wasser, in der sie wohnt. Sie bringt die Luft hinunter im Pelz ihres Hinterleibs und bürstet sie in ihrer Glocke mit den Beinen heraus. Die Großen Gelbrandkäfer können eine Luftblase unter ihren Flügeldecken einschließen und damit unter Wasser atmen; und der Kolbenwasserkäfer kann außer unter den Flügeln die Luft auch in einer silbrigen Blase zwischen den gewachsten Haaren am Bauch mitnehmen. Wenn er nicht taucht oder sich irgendwo festhält, treibt ihn die Luft wieder nach oben. Manche Wasserkäfer können bis zu 36 Stunden unter Wasser bleiben. Das Atmungssystem der Käfer ist besser für die Verhältnisse unter Wasser eingerichtet, als wir es mit unseren Sauerstoffgeräten sind, denn sie brauchen keine Druckluft.

Die meisten Wasserinsekten sind Brustschwimmer, manche kraulen allerdings auch gerne. Ein Insekt gibt es, das so gerne auf dem Rücken schwimmt, daß es den Namen »Rückenschwimmer« erhalten hat. Es hat einen kahnförmigen Körper mit einem Kiel über den ganzen Rücken und ruderähnlichen Beinen an den Seiten.

Oder die winzigen Kriebelmücken. Zum Eierlegen tauchen die Weibchen bis zu dreißig Zentimeter tief in stark strömendes Wasser, wobei sie die Flügel um den Hinterleib

legen und so eine Luftblase einschließen. Die Larven seilen sich mit selbstgesponnen Seidenfäden an und seihen sich ihr Futter aus der Strömung. Sie erweitern sogar ihr Seidennetz, damit sich auch andere Kriebelmückenlarven daran festhalten können.«

Kinder lieben solch bizarre Geschichten. Sie sind auch immer voller Begeisterung dabei, wenn sie mit einem Küchensieb in einem Gewässer auf Insektenfang gehen dürfen. Aufgeregte Ohs *und* Ahs *sind zu hören, und ich werde von einem zum anderen gerufen, um ihren Fang zu begutachten.*

Eine Gruppe Elfjähriger hatte gerade ihre Insektenjagd beendet, als ein Wassertankwagen zu dem Weiher gefahren kam und seinen Schlauch hineinsteckte. Als der Fahrer die Pumpe anstellte, wurde den Kindern sofort klar, daß die Insekten später aufs Land gespritzt und sterben würden. Einige gingen zu ihm und baten ihn inständig, einen Filter über den Schlauch zu legen. Der Mann war freundlich und versprach den Kindern — gerührt von ihrem Mitgefühl —, einen Filter zu besorgen. Nun machten ihn die Kinder mit ihren Wasserfreuden bekannt.

Es ist faszinierend zu entdecken, wie andere Lebewesen leben. Die Spiele in diesem Kapitel schaffen eine Atmosphäre der Spannung, welche die Neugierde der Kinder weckt und ihre Konzentration fördert.

A

B Tierbestimmung, Tierökologie
C Tag / Wiese oder Straße
D 4 oder mehr
E ab 7 Jahre
F keine

Tiereraten

Tiereraten ist ein lustiges Spiel, um Kinder mit zoologischem und tierökologischem Wissen vertraut zu machen. Oft kommt es zu dramatischen Höhepunkten, die sich in lautem Gelächter entladen.

Die Kinder bilden zwei gleichgroße Gruppen. Jede Gruppe wählt ein Tier und überlegt sich dazu sechs bis acht Schlüsselinformationen, mit deren Hilfe die andere Gruppe das Tier erraten muß. Die Anhaltspunkte sollten vom Allgemeinen zum Besonderen fortschreiten und das Raten immer leichter machen. Unten findest du dafür ein Beispiel.

Sobald beide Gruppen bereit sind, stellen sie sich in zwei Reihen einander gegenüber auf. Markiere die Mittellinie mit Stöcken oder einem Strich auf dem Boden; in fünf Meter Abstand zeichnest du auf beiden Seiten noch einmal eine Linie, hinter der das eigene Lager beginnt.

Die Mitglieder jeder Gruppe machen im vorhinein aus, wer welche Lösungshilfe gibt. Gruppe A beginnt mit der ersten Information über das von ihr gewählte Tier. Gruppe B versucht zu raten, was gemeint ist. Ist es falsch, so pas-

siert nichts. Jetzt gibt Gruppe B seinen ersten Hinweis, und die Mitglieder von Gruppe A können sich den Kopf zerbrechen. Treffen auch sie nicht gleich ins Schwarze, so geht das Raten weiter. Je deutlicher die Anhaltspunkte werden, um so mehr steigt die Spannung, bis schließlich ein Team das Tier der Gegenseite errät. Zum Beispiel sagt Gruppe A, »Ich habe drei Zehen«, und Gruppe B fragt, »Bist du der Dreizehenspecht mit roten Schwanzfedern?«

Die A's wenden sich nervös nach hinten, während die B's kaum mehr zu halten sind. Sobald einer der A's *Ja* gerufen hat, versuchen sie ihr Lager zu erreichen, bevor sie von den B's geschnappt werden.

Anhand des folgenden Beispiels kannst du nachvollziehen, welche gedanklichen Schritte ein Kind bei diesem Spiel machen muß. Nimm ein Stück Papier und verdecke alle Informationen außer der ersten. Wenn du sie gelesen hast, versuche die Antwort zu erraten, und so weiter, bis du auf die Lösung kommst. Vergleiche dein Ergebnis mit der verschlüsselten Lösung. Um sie zu entziffern brauchst du die Buchstaben nur durch die im Alphabet jeweils folgenden zu ersetzen. Auf Seite 137 ff. findest du neun weitere Beispiele dieser Art.

Beispiel: JZSYD = KATZE

1. Ich habe vier Füße, und meine Körpertemperatur ändert sich nicht.
2. Ich benutze meinen Schwanz zum Steuern.
3. Ich lebe im Wald.
4. Meine Vorderzähne wachsen ständig; deswegen nage ich viel.
5. Ich treibe Vorratswirtschaft für den Winter, wie meine Vettern. Zu meiner Nahrung gehören Nüsse, Samen, Baumknospen, Insekten, Pilze, Eier und manchmal auch etwas Fleisch.
6. Marder sind eines der wenigen Tiere, die mich fangen können.
7. Ich kann gut springen.
8. Ich habe Ohrpinsel und einen buschigen Schwanz.

DHBGGNDQMBGDM

A 

B Tierverhalten
C Tag und Nacht/ überall
D 6 oder mehr
E ab 5 Jahre
F Karten und Bleistift

Arche Noah

Hier sollen sich im Tohuwabohu auf Noahs Arche die Tiere in Paaren zusammenfinden. Zähle zuerst, wieviele Kinder in der Gruppe sind, und mach dann eine Liste mit halb so vielen Tiernamen.

Schreibe jeden Tiernamen auf zwei Karten, so daß du für jeden eine Karte hast. Falls die Zahl der Spieler ungerade ist, schreibst du einen Tiernamen auf drei Karten, oder du spielst selber mit.

Mische die Karten und teile sie aus. Jedes Kind wird zu dem Tier, das auf seiner Karte steht, behält aber für sich, wen es darstellt. Sammle die Karten wieder ein.

Auf dein Zeichen beginnen alle, die Stimmen, Formen und typischen Bewegungen ihres Tieres nachzumachen, in der Hoffnung, damit ihren Partner anzuziehen. Die Stimmung wird sehr ausgelassen, wenn alle bellen, krächzen, quaken, pfeifen, schleichen, flattern oder springen. Sie dürfen so viel Krach machen, wie sie wollen, aber Sprechen ist nicht erlaubt. Jedes Tier muß seinen Artgenossen einzig durch sein überzeugendes Verhalten finden. Das Spiel endet mit glücklichen Paaren und viel Gelächter.

A

B Baumbestimmung
C Tag / Wiese oder Straße
D 6 oder mehr
E ab 7 Jahre
F Blätter, Zweige, Samen etc.

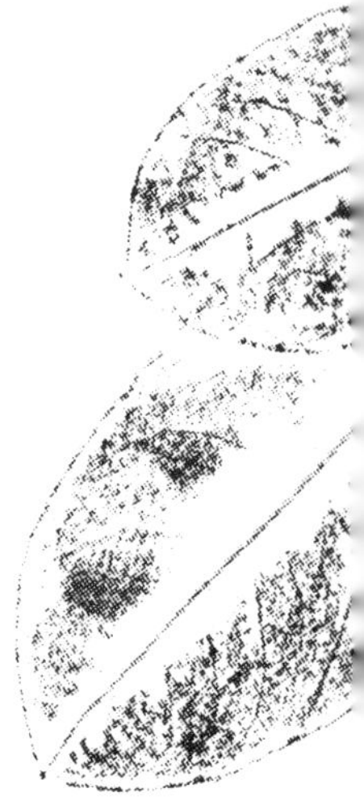

Hier lernen die Kinder, die Bäume und Büsche in einer Gegend zu bestimmen. Während du dich mit dem Gelände vertraut machst, sammelst du Blätter, Blüten und Samen von Bäumen und Sträuchern — du brauchst etwa sieben bis zehn Exemplare.

Bilde zwei gleichgroße Gruppen, die sich mit einem Abstand von zehn Metern einander gegenüber aufstellen. Lege die Dinge, die bestimmt werden sollen, in einer Reihe in die

Bestimmungs

Mitte auf den Boden. Beide Gruppen zählen nun durch, so daß es jeweils zwei Spieler mit der Nummer eins, zwei, drei etc. gibt.

Wenn die Kinder bereit sind, nennst du den Namen eines Baumes oder Busches, zu dem einer der Pflanzenteile auf dem Boden gehört, und rufst dazu eine Zahl (um die Spannung zu erhöhen, nicht in ihrer numerischen Reihenfolge).

»Die nächste Pflanze ist eine Buche, und die Zahl ist drei!« Sobald die zwei »Dreier« ihre Zahl hören, rennen sie in die Mitte und versuchen, den Buchenzweig zu finden. Der Gewinner erhält zwei Punkte für seine Gruppe; hebt er etwas Falsches auf, so verliert er zwei Punkte.

spiel

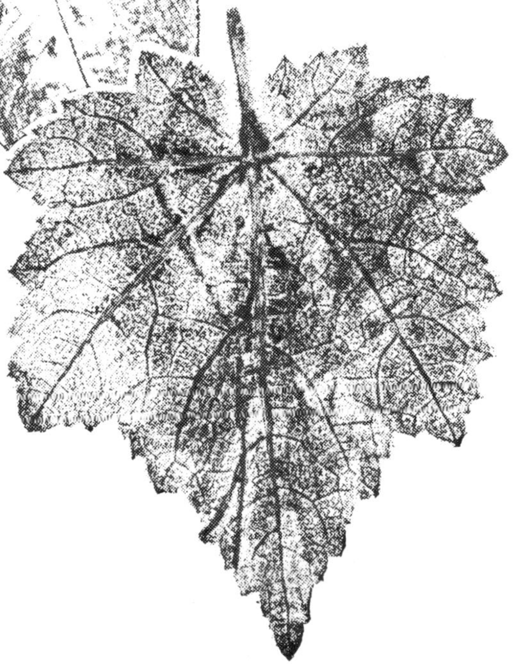

A

B Einüben von Begriffen
C Tag / Wiese oder Straße
D 6 oder mehr
E 5-13 Jahre
F keine

Eulen

Dies ist ein ausgezeichnetes Spiel, um neu gelernte Begriffe einzuüben. Die Kinder teilen sich in zwei Gruppen, die Eulen und die Krähen, und stellen sich in zwei Reihen jeweils einen Schritt hinter der Mittellinie auf. Fünf Meter hinter jedem Team zeichnest du noch einmal einen Strich auf den Boden, um sein Lager zu markieren. Nun machst du eine Aussage, die wahr oder falsch sein kann. Wenn sie richtig ist, jagen die Eulen die Krähen und versuchen sie zu fangen, bevor sie ihr Lager erreicht haben. Ist sie falsch, so geht's in die andere Richtung. Wer erwischt wird, kommt zur anderen Gruppe.

und Krähen

Wenn die Antwort nicht offensichtlich ist, werden einige Eulen und Krähen aufeinander zulaufen und andere zurück ins Lager. Während des Durcheinanders solltest du als Spielleiter ruhig und neutral bleiben und erst, wenn sich alles beruhigt hat, die richtige Antwort bekanntgeben.

Die Aussagen können ganz verschiedene Bereiche ansprechen: Sinneseindruck: *»Der Wind bläst von Seiten der Krähen.«* Wissen: *»Ein Laubbaum behält seine Blätter das ganze Jahr über.«* Beobachten (nachdem du ein Blatt vorgezeigt hast): *»Das Blatt hat fünf Spitzen und fünf Adern.«* Bestimmen: *»Dieser Same stammt von einer Eiche.«*

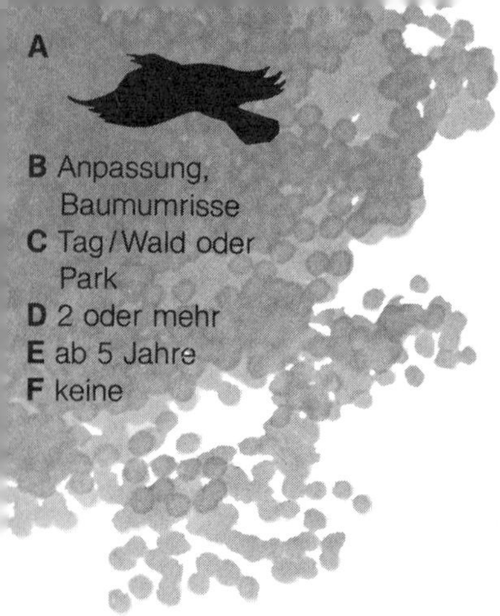

A

B Anpassung, Baumumrisse
C Tag / Wald oder Park
D 2 oder mehr
E ab 5 Jahre
F keine

Baum-Silhouette

Wähle ein Gelände, auf dem verschiedene Baumarten wachsen. Ein Kind stellt mit seinem Körper einen bestimmten Baum dar, und die anderen Kinder raten, welcher gemeint ist. Die Kinder können sich auch in Gruppen aufteilen und gemeinsam versuchen, einen Baum nachzubilden; oder sie wählen jemanden aus, der dem Baum, den sie darstellen wollen, besonders ähnlich sieht.

Du kannst es auch den Kindern überlassen, was sie abbilden möchten — Blumen, Tiere oder Schneekristalle —, mit einer Bedingung: die Objekte müssen aus der Natur stammen — bitte keine Motorräder oder Betonmischer! Die Kinder werden bei diesem Spiel miteinander vertraut und entwickeln darstellerische Fähigkeiten.

A 

B Ökologie, Bestimmung, Beobachtung
C Tag / überall
D 3 oder mehr
E 5-14 Jahre
F Papiertüten, Suchlisten

Hier geht es darum, natürliche Gegenstände zu finden. Die Kinder bekommen eine Liste in die Hand mit den Dingen, die sie suchen sollen. Wähle diese so, daß die Kinder genau hinschauen und ihren Verstand und ihre Fantasie gebrauchen müssen.

Das große Suchen

*17 Alles in der Natur hat eine Funktion.
*21 Alles in der Natur ist wichtig, selbst der Knollenblätterpilz, der vom Wildkaninchen gefressen wird.
*24 Ein natürlicher Wärmespeicher ist alles, was Sonnenenergie speichert: Wasser, Felsen, Pflanzen, Tiere.

Suchliste

Sammle nur Dinge, die du ohne Beschädigung sicher zurückbringen kannst.

1. Eine Feder
2. Ein Same, der vom Wind getragen wird
3. Genau hundert Exemplare einer Sache
4. Ein Ahornblatt
5. Einen Dorn
6. Einen Knochen
7. Drei verschiedene Samen
8. Ein getarntes Insekt oder ein anderes getarntes Tier
9. Etwas Rundes
10. Ein Stück Eierschale
11. Etwas Flauschiges
12. Etwas Scharfes
13. Ein Stückchen Pelz
14. Fünf von Menschen hinterlassene Abfallstücke
15. Etwas vollkommen Gerades
16. Etwas Schönes
17. Etwas Natürliches, das nutzlos ist*
18. Ein angeknabbeltes Blatt (nicht von dir!)
19. Etwas, das ein Geräusch macht
20. Etwas Weißes
21. Etwas, das für die Natur wichtig ist*
22. Etwas, das dich an dich selbst erinnert
23. Etwas Weiches
24. Einen natürlichen Wärmespeicher*
25. Ein glückliches Lächeln

Tierbestimmung — normalerweise keine sehr aufregende Sache — wird hier zu einem spannenden Spiel.

Schreibe die Namen bekannter Tiere auf Karten. (Bilder sind noch besser geeignet, weil sie mehr Interesse wachrufen und den Spielern Anhaltspunkte für korrekte Antworten geben.) Hefte jedem Kind eine Karte auf den Rücken.

Wer bin ich?

Auf dein Zeichen stellt einer nach dem anderen den übrigen Kindern Fragen nach seiner Identität. Ermuntere die Spieler, jeden in der Gruppe einzubeziehen. Sie können so viele Fragen stellen, wie sie wollen, aber die Antwort darf nur *Ja, Nein* oder *Vielleicht* sein. (Manchmal schien es mir angebracht, mit den Kindern zu besprechen, mit welcher Art von Fragen sie die Möglichkeiten einschränken können.)

Sobald alle Spieler zu wissen glauben, wer sie sind, schreiben sie ihren eigenen Namen und den des Tieres auf einen Zettel. Nun rufst du eins der Kinder auf; es stellt sich mit dem Rücken zum Publikum auf einen Felsen oder Baumstumpf und verkündet: *»Ich bin eine Ameise.«* (Oder du liest vor, welches Tier es auf seinen Zettel notiert hat.) Ob es richtig geraten hat, wird es am Hallo und Geklatsche erkennen.

A 

B Tierbestimmung
C Tag und Nacht/ überall
D 4 oder mehr
E ab 7 Jahre
F Karten, Sicherheitsnadeln

Die Kinder lernen so nicht nur Tierbestimmung, sondern drei wichtige Eigenschaften:

1. Aufgeschlossenheit: Vorgefaßte Meinungen und vorschnelle Urteile helfen nicht weiter. *»Ich bin ein Warmblüter. Ich schlafe am Tag und jage in der Nacht. Ich kann fliegen.«* *»Also bist du eine Eule«* *»Nein, ich bin eine Fledermaus.«*

2. Unterscheidungsvermögen: Verarbeitung neuer Informationen und Überprüfung ihrer Gültigkeit. Manchmal bekommen die Spieler irrtümlicherweise falsche Antworten auf ihre Fragen. Zum Beispiel denkt Klaus: Wenn ich schwimmen kann und ein Warmblüter bin, muß ich also ein Vogel oder ein Säugetier sein. Er fragt: *»Bin ich ein Nagetier?«* Stefan antwortet: *»Ja«*. Klaus: *»Ernähre ich mich von Pflanzen und Baumtrieben?«* Susi: *»Nein«*. Also hat mir Stefan wohl eine falsche Antwort gegeben, und ich bin doch kein Biber. *»Fange ich Fische und Krebse und baue mir aus Vergnügen Rutschbahnen?«* Antwort: *»Ja.«* Also bin ich ein Fischotter.

3. Anteilnahme: Die Kinder machen sich bei diesem Spiel gegenseitig Mut und helfen sich auf die Sprünge. Oft wollen sie nicht aufhören, bevor nicht wirklich jeder sein Tier erraten hat, und alle stehen am Schluß noch um den lezten herum, um ihm so lange zu antworten, bis er weiß, wer er ist.

Folgende Fragen helfen am Anfang, die Möglichkeiten schnell auf einige Tierklassen einzuschränken — zum Beispiel Säugetiere, Insekten, Weichtiere etc. (Wenn du dich näher über die Merkmale von Tierarten informieren willst, ist es nützlich, ein zoologisches Lehrbuch zu Rate zu ziehen.)

1. *»Bin ich ein Wirbeltier?«* Falls die Antwort *Ja* lautet, gibt es fünf Möglichkeiten: Fische, Lurche, Kriechtiere, Vögel, Säugetiere.

Die nächste Weichenstellung ergibt sich aus der Frage, ob es sich um ein kalt- oder warmblütiges Tier handelt. Ein kaltblütiges Wirbeltier paßt seine Körpertemperatur der wechselnden Außentemperatur an. Dazu gehören Fische, Lurche und Kriechtiere.

Warmblütige Wirbeltiere haben eine konstante Körpertemperatur, unabhängig davon, ob es außen heiß oder kalt ist. Das sind die Vögel und Säugetiere.

2. Falls die Antwort auf die erste Frage *Nein* ist, so handelt es sich um ein Tier ohne Rückgrat. Bekannte Arten sind: Ringelwürmer, Stachelhäuter (Seesterne, Seeigel), Weichtiere (Schnecken, Muscheln), Krustentiere (Krabben, Panzerkrebse), Hundertfüßer, Tausendfüsser, Spinnen, Insekten.

Um die wirbellosen Tiere noch weiter zu unterteilen, kannst du fragen: *»Haben meine Beine Gelenke?«* (Gelenke haben Krebse, Hundert- und Tausendfüßer, Spinnen und Insekten. Wirbellose Tiere ohne Gelenke sind Ringelwürmer, Stachelhäuter, Schnecken und Muscheln.)

Mit folgenden Fragen kommst du wahrscheinlich zum Ziel: *»Bin ich ein Raubtier? ... Kann ich schwimmen? ... Kann ich fliegen? ... Lebe ich im Meer, in der Wüste, im Wald? ... Habe ich zwei, vier, sechs, acht oder mehr Beine? (Du kannst jeweils nur eine Frage stellen.) ... Habe ich bunte Farben? ... Bin ich in der Nacht aktiv?«*

A 

B Tierverhalten
C Tag und Nacht/ überall
D 3-6 je Gruppe
E ab 7 Jahre
F keine

Tier-pantomime

Die Kinder teilen sich zu vieren oder fünfen auf. Jede Gruppe wählt ein Tier und versucht gemeinsam, seine Gestalt und seine Bewegungen nachzumachen. Jedes Tier tritt vor ein »Expertengremium« (alle anderen), welches herauszufinden hat, worum es sich handelt. Geräusche sind nicht erlaubt, außer vielleicht mit Requisiten — zum Beispiel mit einem Stein an ein Holz klopfen, um einen Specht nachzumachen.

Gib den Gruppen etwa fünf Minuten Zeit, um ihren Auftritt vorzubereiten:

»Aber ein Skorpion hat ja acht Beine — da müssen wir alle Beine sein. ... Ich kann gleichzeitig der Kopf sein, weil ich vorne bin, und meine Arme als Zangen gebrauchen. ... Gut, dann mach ich den Schwanz, aber ich weiß nicht, ob ich ihn sehr lange obenhalten kann. ... Und wir in der Mitte sind der Körper. Beug dich noch ein bißchen vor. ... Alles fertig?«

5

Spielen und Entdecken

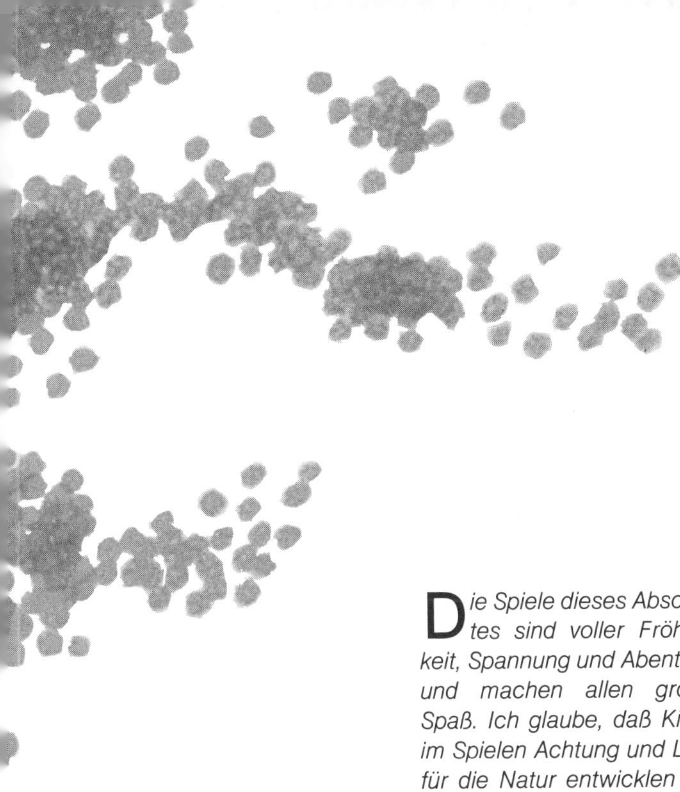

Die Spiele dieses Abschnittes sind voller Fröhlichkeit, Spannung und Abenteuer und machen allen großen Spaß. Ich glaube, daß Kinder im Spielen Achtung und Liebe für die Natur entwicklen können, die sie für deren Sprache empfänglich macht. Wichtig ist, daß sie freudige erste Erlebnisse haben. Ihre Gefühle zur Welt der Natur werden dann immer einen positiven Grundton haben.

Die Spiele sind denen der Indianerjungen in den Tagen der Prärie nachempfunden: Pirschen, sich lautlos bewegen, sich unsichtbar machen — selbst für wachsame Augen; das Gehör üben, sich kein Geräusch entgehen las-

sen und es identifizieren können; die Augen für jedes Detail schärfen; schnell laufen und sich mit Behendigkeit bewegen. So übten schon die Kinder die Überlebenstechniken des Jägers, mit denen er für Nahrung sorgte und die ihn in innigen Kontakt mit der Erde und ihren Geschöpfen brachten.

Fang das Pferd

Eigentlich müßte man dieses Spiel in drei Meter hohem Präriegras spielen, wie die amerikanischen Pioniere. Die Siedler ließen manchmal ihre Pferde in der Prärie los. Jemand kletterte auf einen Baum und versuchte sie zu erspähen. Denen, die die Pferde jagten, gab er von oben Hinweise, in welche Richtung sie rennen mußten.

In unseren Breiten ist buschiges Gestrüpp oder ein Wald mit dichtem Unterholz der geeignete Schauplatz. Wähle aus der Gruppe denjenigen, der am schnellsten rennen kann und die größte Ausdauer hat (möglicherweise einen Erwachsenen), und binde ihm ein rotes

A

B Gebiet erforschen
C Tag / Wald, Dickicht
D 4 oder mehr
E 5-14 Jahre
F rotes Tuch

Tuch an: er ist das Pferd. Während alle anderen ihre Augen schließen, bekommt das Pferd drei Minuten Vorsprung. Sobald die Zeit um ist, rennen alle los und versuchen das Pferd aufzustöbern. Wer es entdeckt, ruft die anderen zu Hilfe, um es zu umzingeln.

Ich erinnere mich, wie ich einmal für eine Klasse von Achtjährigen das Pferd spielte und ihren Attacken und Ausfällen fünfzehn oder zwanzig Minuten lang immer wieder entwischte. Mehrere Male organisierte ihr Lehrer Einkreisungsmanöver, aber es gelang mir jedesmal, durch das eng gezogene Netz zu entschlüpfen, bis ich schließlich schwindlig auf den Boden fiel und sich die Kinder auf mich warfen. Vollkommen erschöpft lagen wir alle im Gras, schauten hinauf in die Bäume und den blauen Himmel und fühlten uns ebenso frei und gelöst und eins mit der Natur wie die Wolken, die über ihn hinzogen.

A

B Ruhe, Beobachten
C Nacht / Weg
D 4 oder mehr
E ab 7 Jahre
F Taschenlampen

Mimikry

Eine sehr gute Gelegenheit für dieses Tarnspiel ist der Rückweg von einer Nachtwanderung; aber du kannst auch an einem schönen Sommerabend spielen, wenn die Dämmerung gerade in Dunkelheit übergeht.

Die Gruppe teilt sich in zwei Hälften; die einen tarnen sich, die anderen suchen sie. Macht aus, auf welchem Wegstück ihr spielen wollt und wie weit diejenigen, die sich verstecken, vom Weg abweichen dürfen — was davon abhängt, wie hell der Mond scheint und ob die Jäger Taschenlampen haben. Von mindestens einer Stelle des Weges muß der Körper der Getarnten voll sichtbar sein; sie müssen also versuchen, sich ganz den Umrissen ihrer natürlichen Umgebung anzupassen, um nicht entdeckt zu werden.

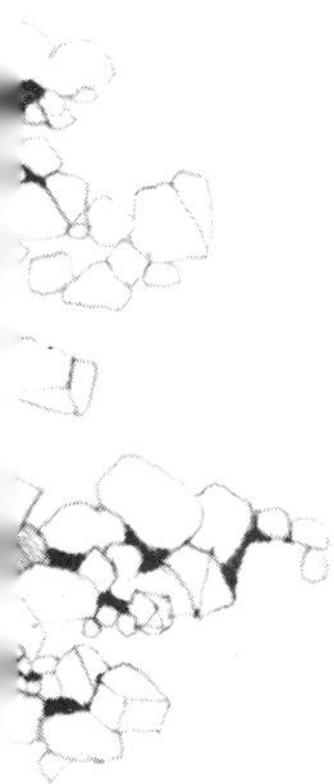

Indianer, die für diesen Zweck manchmal auch Tarnkleidung benutzten, waren bestrebt, sich ganz in das Bewußtsein des Wesens, das sie verkörperten, hineinzufühlen. Sie wußten, daß der Hirsch, der Bär oder der Vogel, den sie jagten, ihre Anwesenheit nicht nur mit Augen, Nase und Ohren ausmachte, sondern eine besondere Fähigkeit hatte, ihre Gegenwart zu spüren. Auch wir Menschen besitzen diese Gabe, und jene, die sich bei diesem Spiel verstecken, werden sie vielleicht in sich entdecken, wenn sie versuchen, zu einem Teil des Baumes zu werden, der sie tarnen soll; ebenso die Jäger, wenn es ihnen gelingt, eine fremde Ausstrahlung zwischen Felsen und Büschen zu erspüren. Sobald alle Jäger (sie sollten dicht beieinander bleiben) an einem Versteck vorbeigegangen sind, ohne etwas zu bemerken, gibt sich der Getarnte zu erkennen.

Vorsicht Wilde

Tapfere junge Abenteurer versuchen einen Dschungel zu durchqueren, der von Wilden bewohnt wird.

Wähle ein Gelände, das mit Büschen und Gestrüpp bewachsen ist, oder einen Wald mit dichtem Unterholz und markiere das Terrain der Wilden. Seine Größe hängt davon ab, wie undurchdringlich und unübersichtlich es ist und wieviele Spieler es gibt. Ist die Gruppe groß und das Gelände leicht zu überschauen, so stecke die Grenzen entsprechend weit.

Fünf bis acht Erwachsene oder ältere Kinder spielen die Wilden. Sie sollten sich furchterregend kostümieren, ihre Gesichter mit Schlamm und Ketchup bemalen und sich mit allerhand Krachmachern ausrüsten. Die Wilden verteilen sich im Dickicht, bereit, jeden zu fangen, den sie treffen, oder ihm zumindest einige Aufregung zu verschaffen.

Bevor die Kinder ins Revier der Wilden eindringen, bekommt jedes von ihnen vier Bohnen. Jedesmal wenn es einem Wilden in die Fänge geht, verlangt dieser eine Bohne. Der Gefangene muß sie ordnungsgemäß aushändigen, zum Ausgangspunkt zurückkehren — und zwar außerhalb der Grenzen, um die Wilden nicht zu verwirren — und

A

B Gelände erkunden,
Auf der Hut sein,
Pirschen
C Tag / Dickicht, Wald
D 13 oder mehr
E ab 9 Jahre
F Bohnen,
Krachmacher

darf einen neuen Versuch wagen. Wenn jemandem alle Bohnen abgenommen wurden, kann er neue bekommen.

Wieviel Spaß die Kinder haben, hängt weitgehend davon ab, wie die Wilden ihre Rolle spielen. Anstatt so viele Bohnen wie möglich zu kassieren, sollten sie versuchen, die Sache so lustig und aufregend wie möglich zu machen: ein Kind bis auf Armeslänge herankommen lassen und mit einem Schreckensschrei über eine Wurzel stolpern, so daß es gerade noch entkommen kann; den schnelleren Kindern Fallen stellen und die langsameren entwischen lassen. Kinder lassen sich gerne einmal ordentlich Angst einjagen und werden noch tagelang darüber sprechen.

Wenn die Kinder bereit sind, sich ins Abenteuer zu stürzen, dann rufe den Wilden zu: *»Laßt hören, ob ihr da seid!«* Das Getöse von Vogelrufen, Pfeifen, Büchsengerassel und Gekreisch wird die nötige Spannung und Aufregung erzeugen.

A

B Stille, Konzentration, Pirschen
C Tag / Wiese
D 5 oder mehr
E ab 6 Jahre
F Augenbinde

Schlafender

Einer ist der Schatzhüter, die anderen sind Diebe. Der Schatzhüter sitzt mit verbundenen Augen in der Mitte auf dem Boden und wacht eifersüchtig über einen wertvollen Gegenstand — einen Stein oder ein Taschentuch. Aber er kann nicht immer wach bleiben, und schließlich wird er vom Schlaf übermannt.

In etwa zehn Meter Entfernung stellen sich die Diebe in einen Kreis (der Kreis darf kleiner sein, falls man sich nur geräuschvoll über den Boden bewegen kann). Auf dein Zeichen beginnen sie, sich so leise wie irgend möglich anzuschleichen, am besten barfuß. Sie müssen versuchen, sich lautlos so nah heranzupirschen, daß sie den Schatz stehlen können, ohne den Wächter zu wecken; das verlangt erhebliche Konzentration und Körperbescherrschung. Wenn der Schatzhüter deutlich ein Geräusch hört, so zeigt er in diese Richtung. Ist sein Finger direkt oder beinahe auf einen Dieb gerichtet, so muß dieser auf der Stelle erstarren. Nicht immer herrscht Einigkeit, wie die Lage einzuschätzen ist, und so ist ein Schiedsrichter nützlich.

Sind schon mehrere Diebe kaltgestellt, so kannst du das Spiel anhalten und alle zum Ausgangspunkt zurückkehren

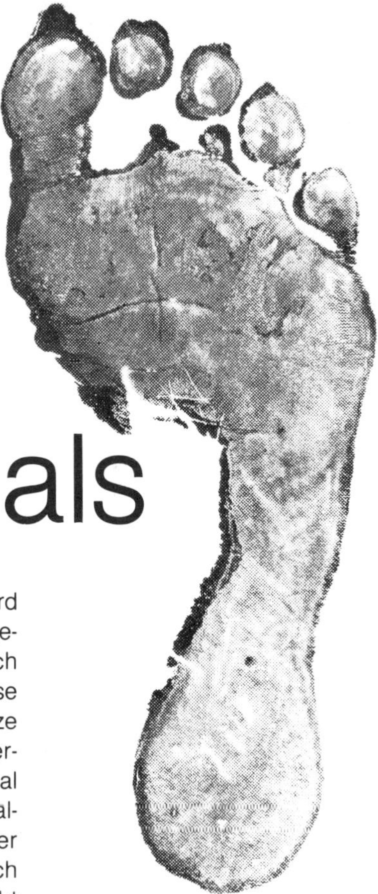

Geizhals

lassen. Auf diese Weise wird niemand zu lange ausgeschlossen. Paß auf, daß sich keiner die Geräuschkulisse von Unterbrechungen zunutze macht und seine Position verbessert. Sobald du das Signal gibst, pirschen sich wieder alle nach vorne. Rennen oder im letzten Augenblick nach dem Schatz hechten, ist nicht erlaubt. Derjenige, dem es gelingt, die Beute zu ergattern, ist der nächste Schatzwächter.

Da bei diesem Spiel alle mucksmäuschenstill sind, werdet ihr vielleicht Tiere sehen, die sich sonst versteckt halten. Das Spiel ist auch geeignet, um eine ausgelassene Gruppe zu beruhigen.

A 

B Hören, Konzentration
C Tag / Wiese oder Straße
D 6 oder mehr
E ab 5 Jahre
F Augenbinde

und

Die Gruppe bildet einen Kreis von drei bis fünf Metern im Durchmesser. Wähle einen aus, der als erster die Fledermaus spielt. Laß ihn in die Mitte des Kreises kommen und verbinde ihm die Augen. Drei bis fünf andere Kinder sind die Nachtfalter und kommen auch in den Kreis. Nun versucht die Fledermaus, die Nachtfalter zu fangen.

Jedesmal wenn die Fledermaus *Fledermaus!* ruft, antworten die Nachtfalter mit *Falter!* Erkläre den Nachtfaltern: *»Wenn ihr den Ruf der Fledermaus hört, so hat euch ihr Ultraschallruf getroffen. Die Fledermaus stellt auf diese Weise fest, ob sich etwas in ihrer Nähe befindet. Ihr Schrei prallt an euch ab und kehrt wie ein Radarsignal zu ihr zurück. Dieses Signal ist das Wort »Falter«. Jetzt weiß die Fledermaus, daß etwas zu essen in ihrer Nähe ist, und das Wasser läuft ihr im Mund zusammen.«*

Die Fledermaus muß sehr genau auf die Rufe der Falter horchen, um sie verfolgen zu können, beonders dann, wenn

Fledermäuse

Nachtfalter

sie gleichzeitig nach mehreren jagt. Dieses Spiel ist deswegen gut geeignet, die Konzentrationsfähigkeit der Kinder zu üben.

Die Spannung steigt, wenn zwei Fledermäuse den Nachtfaltern an den Kragen wollen. Sie werden bald entdecken, daß sie sich bei der Jagd gegenseitig unterstützen können. Ich wähle gewöhnlich ein großes und ein kleines Kind zu Fledermäusen, damit sie nicht mit ihren Köpfen aneinander stoßen.

A 

B Stille, Konzentration, Pirschen
C Nacht / Weg
D 5 oder mehr
E 5-13 Jahre
F Taschenlampe

Nachtwächter

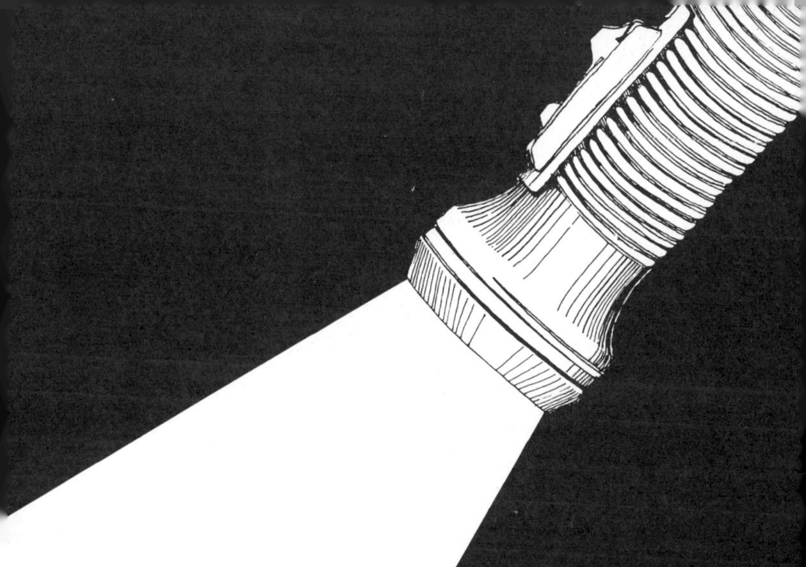

Dieses Spiel ähnelt dem *Schlafenden Geizhals.* Es wird nachts auf einer leeren und nicht asphaltierten Straße gespielt. Der Wächter bekommt eine Taschenlampe in die Hand und setzt sich mit geschlossenen Augen mitten auf die Straße. In fünf Meter Entfernung stellen sich die Kinder in einer Reihe auf. Sie versuchen, sich an dem Wächter vorbeizupirschen und das eigene Lager drei Meter hinter ihm zu erreichen. Sobald der Wächter irgendetwas hört, richtet er seine Taschenlampe darauf. Wer vom Lichtstrahl getroffen wird, erstarrt. (Die Taschenlampe im Kreis schwenken ist unfair!) Wenn mehrere Kinder vom Lichtkegel gebannt sind, kannst du das Spiel unterbrechen und alle noch einmal beginnen lassen. Wem es zuerst gelingt, sich lautlos und unbemerkt ins eigene Lager zu schleichen, ist Nachtwächter in der nächsten Runde.

6

Tiere beobachten und anlocken

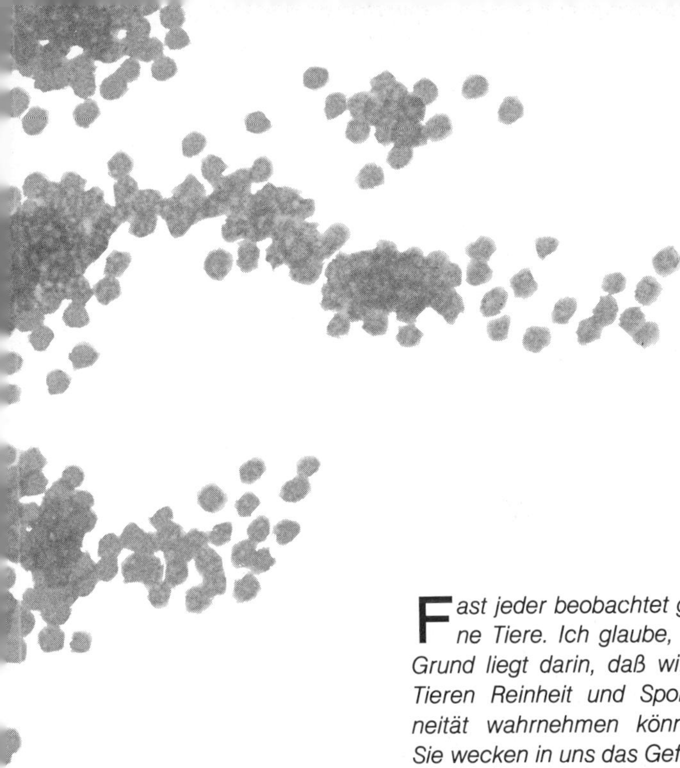

Fast jeder beobachtet gerne Tiere. Ich glaube, der Grund liegt darin, daß wir in Tieren Reinheit und Spontaneität wahrnehmen können. Sie wecken in uns das Gefühl, daß alle Geschöpfe — wir selbst eingeschlossen — ein Recht haben, frei und in Frieden zu leben.

Ich erinnere mich an ein Kindheitserlebnis, das in mir eine lebenslange Faszination für Moorlandschafen und ein wildes und freies Leben geweckt hat. An einem kalten, nebligen Morgen spielte ich alleine draußen, als mich plötzlich ein Chor von Wildgansschreien aufschrecken ließ. Ich bemühte mich, den dichten Nebel mit meinen Augen

zu durchbohren, um die Gänse wenigstens einen Augenblick lang zu sehen. Sekunden vergingen — ihre Schreie kamen näher und wurden lauter, sie schienen direkt über meinen Kopf fliegen zu wollen. Nur wenige Meter über mir konnte ich ihren Flügelschlag hören. Plötzlich zerriß der Nebel und ein Schwarm glänzend weißer Schneegänse tauchte daraus hervor. Es war, als hätte sie der Himmel geboren. Einige wenige, herrliche Sekunden lang konnte ich sie in all ihrer Eleganz und Anmut sehen, bis sie wieder in den Nebel eintauchten und verschwanden. Ihre leiser werdenden Rufe schienen mir zu sagen: »Komm mit, komm mit ... « Als ich älter war, folgte ich ihnen tatsächlich und lebte mit ihnen.

Nun wohne ich im Wald, wo ich nur selten Wildgänse sehe. Aber wenn sie doch einmal über mir am Himmel entlangziehen, führt mich ihr Ruf jedesmal in Versuchung, ihnen abermals zu folgen.

Kinder fühlen ihre Verwandtschaft mit Tieren besonders stark. (Das zeigt ihre Liebe für Haustiere, Teddybären, Tierbilder und Tiergeschichten.) Wenn du ein Kind fragst, was es bei einem Streifzug in der Natur am meisten beeindruckt hat, so wird es dir immer von wilden Tieren erzählen, die es gesehen hat. Bei den Spielen in diesem Kapitel lernen die Kinder einfache und wohlerprobte Methoden, um Tiere anzulocken.

A 

B Wilde Tiere beobachten
C Dämmerung, Nacht/ freie Natur
D 1 oder mehr
E ab 7 Jahre
F keine

Auf die Pirsch

Wenn alle bereit für die Pirsch sind, kannst du die Spannung mit einer kleinen Ansprache in verschwörerischem Ton erhöhen: »*Wir haben eine besondere Aufgabe zu erfüllen. Wir müssen das Gelände gründlich durchsuchen, müssen genau beschreiben können, wie es aussieht und welche Lebewesen es hier gibt; dabei darf uns nichts entgehen. Es sind Anzeichen vorhanden, die auf Raubtiere schließen lassen; wir sollten uns also verborgen halten.*«

Folgende Vorbereitungen sind empfehlenswert: 1. Tragt nur Kleider aus Wolle oder Baumwolle, die euch nicht durch Knistern verraten. 2. Wählt Farben, die euch gut tarnen. 3. Färbt Gesicht und Hände dunkel. 4. Geht barfuß oder mit geräuschlosen Schuhen.

Und einige Tips für die Pirsch: 1. Bewegt euch so weit wie möglich im Schutz von Bäumen und Gebüsch. 2. Bleibt alle paar Schritte stehen, um euch umzusehen. 3. Geht nicht mit der Windrichtung, damit euch euer Geruch nicht verrät.

Getarnte Erkundungsstreifzüge erhöhen die Umweltwahrnehmung der Kinder und ihre Fähigkeit, das, was sie sehen, zu beschreiben. Sie sind dabei sehr ruhig und aufmerksam, und so ist die Chance groß, daß sich wilde Tiere zeigen. Ich erinnere mich an vier elfjährige Buben in einem Ferienlager, die so gut wie alles taten, um wilde Tiere zu Gesicht zu bekommen. Ihrer Begeisterung ist dieses Spiel zu verdanken.

Am ersten Tag fragten sie mich, wie sie es anstellen könnten, mehr Tiere zu sehen. Ich erzählte ihnen, daß Indianer vor der Jagd mehrere Tage gefastet hätten, um ihren Körpergeruch zu vermindern, so daß die Tiere sie nicht mehr wittern konnten. Nicht im Traum habe ich erwartet, daß die Jungen dieses Beispiel ernstnehmen, ja sogar weitergehen würden, als es wohl je ein Indianer getan hat.

Am nächsten Tag beim Baden blieb ein Junge bis zu seinen Hüften in Tonschlamm stecken. Wir sprangen alle hinein, um ihm zu helfen, und natürlich konnte man uns nach kurzer Zeit kaum mehr voneinander unterscheiden. Da kam einer, über und über mit Ton beschmiert, auf die Idee, daß die Tiere uns so weder riechen noch sehen könnten, denn der Schlamm würde unseren Körpergeruch nicht durchlassen und uns außerdem tarnen.

Wir vervollkommneten unsere Tarnung mit großzügigen Schlammgaben und pirschten uns in die Wälder auf der Suche nach Tieren. Es war Mittag, und so hatten sich die meisten Tiere zurückgezogen, aber ein Spaß war es trotzdem: Wenn wir eine vielversprechende Lichtung sahen, teilten wir uns auf und umstellten sie. Auf ein Zeichen spähten fünf schlammverkrustete Gestalten hinter Felsen, Bäumen oder Grasbüscheln hervor, in der Hoffnung, etwas zu entdecken.

Nach etwa einer Stunde begann der getrocknete Ton ganz scheußlich zu jucken. Wir eilten zum Lager zurück, um uns abzuwaschen. Als wir jedoch den Weg zum Haupteingang hinaufgingen, kam uns ein aufgeregter Lehrer entgegen: Vertreter der Schulaufsicht wären gerade angekommen, um den Platz zu besichtigen. Auch wenn es noch so sehr juckte, sollten wir im Wald verschwinden und warten, bis sie wieder weg seien. Das Warten war eine Qual, aber die Gaudi noch größer.

Vögel anlocken

Vogelbeobachter gelten im allgemeinen als exzentrische Typen, die mit Notizbuch, Kamera und Fernglas beladen im Wald herumstapfen und auf Bäume klettern. Solltest du allerdings jemals selbst Gelegenheit haben, Vögel aus der Nähe zu beobachten, so wirst du entdecken, wie schön es ist, ihnen zuzusehen und zuzuhören, und wirst von ihren Verhaltensweisen fasziniert sein. Die Besessenheit der Vogelbeobachter wirst du dann nicht nur verstehen können, sondern vielleicht selbst von ihr ergriffen werden.

In der Welt der Vögel findest du äußerste Schönheit neben Formen, die uns beinahe häßlich erscheinen, vollkommene Anmut neben täppischer Unbeholfenheit, furchterregende Kraft neben sanfter Zartheit, lautlosen Flug in einsamer Höhe und irdisches Geschnatter und Gezanke.

Es gibt einen Lockruf für Vögel, für den du nicht mehr brauchst als deine eigene Stimme. Viele der kleineren Arten lassen sich damit anlocken: Spatzen, Grasmucken, Eichelhäher, Grünfinken, Meisen, Kleiber, Fliegenschnäpper, Schwanzmeisen, Amseln und Singdrosseln, Goldhähnchen, Zaunkönige und andere. (Im Abschnitt über Raubvogelrufe wirst du auch lernen, wie man einige größere Vögel anlockt.)

Der Ruf für die kleineren Vögel ist einfach der Laut *pssh,* der rhytmisch wiederholt wird — verschiedene Rhythmen für verschiedene Vogelarten. Hier sind zwei einfache Beispiele für den Anfang:

»pssh ... pssh ... pssh...« oder »pssh ... pssh ... pssh—pssh ... pssh ... pssh«

Mach alle drei Sekunden eine kleine Pause. Experimentiere mit verschiedenen Rhythmen, um herauszufinden, auf welche die Vögel in deiner Gegend am besten reagieren.

Warte, bis du in deiner Nähe Vogelstimmen hörst, dann kniee oder stelle dich bewegungslos in die Nähe von Büschen oder Bäumen, die dich teilweise verdecken und den Vögeln einen Landeplatz bieten. Nachdem du den Ruf drei- oder viermal hast ertönen lassen, halt ein und horche, ob sich Vögel nähern.

Wenn sich die Vögel überhaupt anlocken lassen, wirst du nicht lange zu warten brauchen. Manche Arten, wie die Amsel, fliegen zum nächsten Ausguck, um festzustellen, was los ist. Andere, wie der Zaunkönig, kommen ganz langsam und vorsichtig heran. Wenn du einige Vögel angelockt hast, so genügen ein oder zwei Töne, um sie in deiner Nähe zu halten. Ich glaube, daß der *pssh*-Laut deswegen so gut funktioniert, weil er dem »Anhassen« vieler Vögel ähnlich ist. (Manche Vogelbeobachter meinen, daß er so klingt, wie der

Ruf, mit dem Vogelmütter ihren Jungen Futter ankündigen; andere glauben, daß er einfach die Neugierde der Vögel weckt.)

Kleinere Vögel mögen keine Raubvögel in ihrer Nähe, und oft kommt es vor, daß sie sich zusammenrotten, um einen Falken oder ein Eule zu vertreiben. Bei einer Wanderung in den Bergen erlebte ich mit einer Gruppe von Pfadfindern einen dramatischen Fall dieser Art. Wir waren mitten in einem niedrigen Erlendickicht, als ein Marder in nur drei Meter Entfernung auftauchte. (Marder sind mit Wieseln verwandt und haben etwa die Größe einer kleinen Hauskatze. Sie sind behende Kletterer und fangen Vögel als Teil ihrer Nahrung.)

Wir stießen einen Vogelwarnruf aus, und in weniger als einer Minute hatten sich zehn Vögel zu unserer Rettung eingefunden. Sie landeten dicht neben dem Marder und haßten ihn so lange an, bis er es vorzog, sich zurückzuziehen.

Kinder haben viel Freude beim Anlocken von Vögeln. Schon oft habe ich erlebt, daß sie lange reglos auf dem Waldboden liegen und selbstvergessen die Vögel beobachten, die sich von ihrem Ruf haben anlocken lassen.

A 

B Vögel anlocken, Einfühlen, Geduld

C Tag und Nacht / Dickicht, Wald

D 1 oder mehr

E ab 4 Jahre

F keine

A

B Vögel anlocken, Einfühlen, Geduld
C Tag und Nacht/ Dickicht, Wald
D 1-3 je Gruppe
E ab 7 Jahre
F Decke, Stock

Lock-stock

Ein Satz, den ich vor Jahren einmal hörte, und der mir im Gedächtnis geblieben ist, regte mich an, Vögel auf eine ungewöhnliche Weise anzulocken: »Es gibt zwei Arten von Vogelbeobachtern: Die einen studieren Vögel aus der Ferne und zeichnen ihre äußeren Merkmale und Verhaltensweisen auf; die anderen haben eine so vertraute Beziehung zu ihnen, daß die Vögel sie beinahe so gern mögen wie ihre eigenen Artgenossen und sogar auf ihnen landen, um ihnen möglichst nahe zu sein.«

Da ich mit Vögeln kein ganz so inniges Verhältnis habe wie der Heilige Franziskus, aber doch in engeren Kontakt mit ihnen kommen wollte, fragte ich mich: Wenn ich meine Beobachtungsstrategie um einige Requisiten ergänzen würde, ob dann Vögel näher an mich herankämen?

Mit einer alten grünen Decke und einem zwei Meter langen Stock streifte ich durch den Wald, bis ich Vogelrufe hörte. Ich setze mich nieder, hüllte mich in die Decke wie in einen Kapuzenmantel ein, hielt den Stock bewegungslos in die Luft und begann mit meinem *Pssh*. Sofort kam eine Antwort zurück und ich machte mich auf das Erscheinen von Kleibern gefaßt (sie sehen aus wie kleine Spechte und man nennt sie auch Spechtmeisen).

Und tatsächlich zeigten sich auf einem Baumwipfel zwei Spechtmeisen, die neugierig umherschauten. Ich wiederholte meinen Lockruf, und eine von ihnen segelte herunter und ließ sich auf der Spitze meines Stockes nieder. Stück für Stück kletterte sie ihn kopfvoraus hinunter, bis sie nur noch zwei Fuß von mir entfernt war, und spähte in mein Gesicht, das von der Decke beschattet war. Inzwischen machte auch die andere Spechtmeise ihren ersten Stechflug vom nächsten Baum auf meinen Stock. Sie war nicht ganz so wagemutig und flog mehrmals zwischen Baum und Stock hin und zurück.

Ich habe diese List nur einmal selbst ausprobiert; zwei zwölfjährige Freunde haben es jedoch mehrmals versucht in der Hoffnung, Vögel beim Landen auf ihren Stock fotografieren zu können. Bisher hatten sie noch keinen Erfolg, aber häufig sind Vögel direkt über den Stock geflogen und auf dem nächsten Ast gelandet.

Wenn ihr selbst Versuche mit Stock und Decke anstellt, so beachtet folgendes: 1. Vögel sind morgens am aktivsten, 2. Die Vögel werden weniger scheu sein, wenn die Decke oder das Tuch eine matte Farbe hat. (Achte darauf, daß die Decke dein Gesicht beschattet.) 3. In einem Dickicht oder Wald, wo du nicht so auffällst, hast du mehr Erfolgschancen. 4. Wähle einen Platz, wo du Vogelstimmen hörst. 5. Setze dich auf eine kleine Lichtung, so daß sich dein Stock den Vögeln als einziger Landeplatz anbietet. 6. Halte den Stock bewegungslos. (Kleinere Kinder können ihre Hand an einen jungen Baum legen.)

A

B Tiere anlocken, Angst überwinden, Geduld
C Dämmerung, Nacht/ freie Natur
D 1 oder mehr
E ab 7 Jahre
F Raubtierlocker

Wilde Tiere aus der Nähe

Raubtiere sind äußerst wachsam. Du wirst nur selten einen Fuchs, Dachs, Falken oder Adler zu Gesicht bekommen, außer du hast Glück und findest ein Nest oder einen Bau. Ihre Seltenheit und wilde Schönheit machen ihren Anblick zu einem aufregenden Erlebnis. Raubtierlocker kannst du in einem guten Waffengeschäft kaufen: der »Fuchslocker« imitiert das Quäken eines verwundeten Kaninchens, der »Raubvogellocker« den Paarungsruf von Raubvögeln. Oft werden auch andere neugierige Tiere angezogen; vielleicht schaut ein Reh vorbei, um zu sehen, was los ist.

Suche eine Gegend, in der du viele Tiere vermuten kannst (Spuren und Losung sind ein Zeichen dafür). Verstecke dich in einem Dickicht oder Gebüsch so, daß du freie Sicht auf eine Lichtung hast. Auf diese Weise siehst du Tiere, die sich nähern, eher als sie dich. Eine Gruppe von Studenten ignorierte einmal diese Regel und bekam einen ordentlichen Schrecken, als ein Fuchs plötzlich in ihre Mitte sprang.

Einen Raubtierlocker hältst du zwischen Daumen und Zeigefinger und legst den kleinen Finger über das Ende. Zu Beginn hältst du das Ende zu, um den Ton zu dämpfen, dann hebst du nacheinander die Finger ab, so daß ein Ton entsteht, der Babygeschrei nicht unähnlich ist. Achte auf gleichmäßige Übergänge.

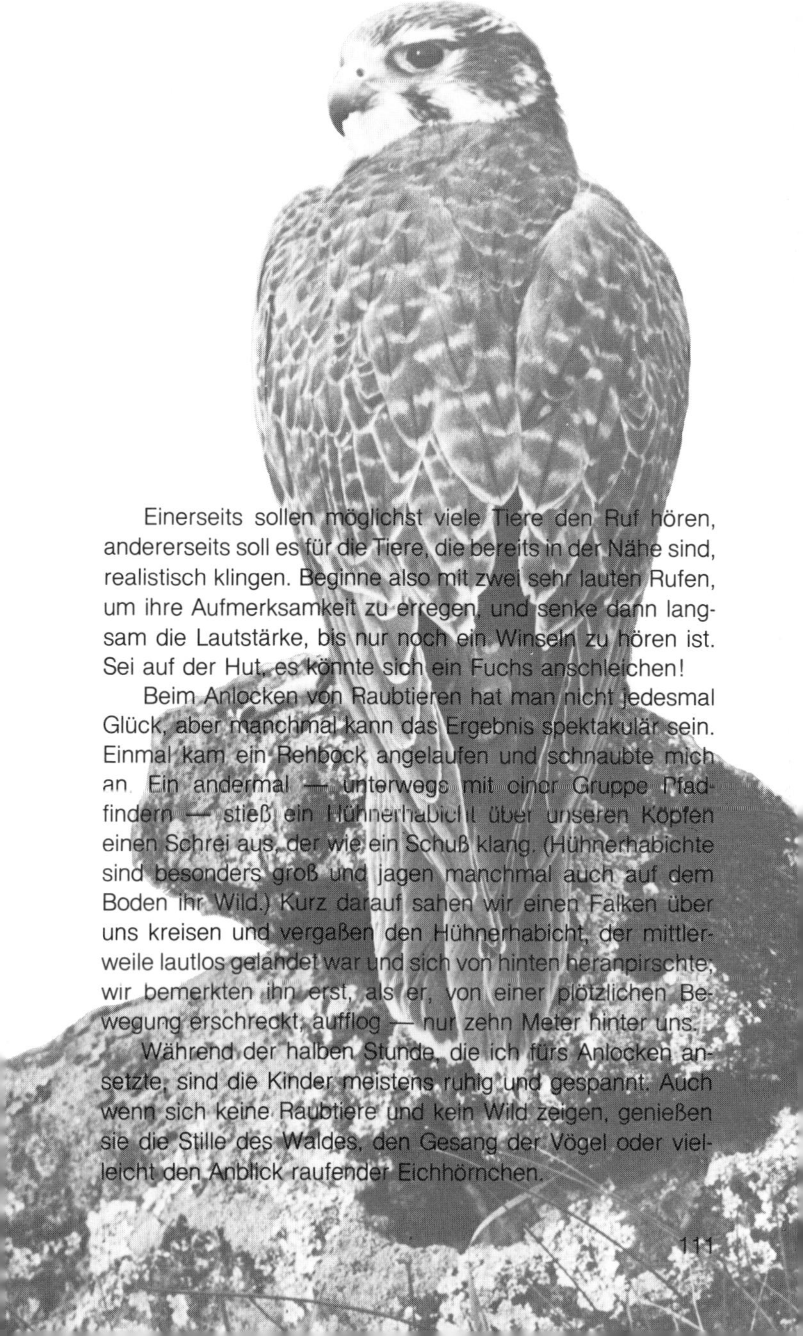

Einerseits sollen möglichst viele Tiere den Ruf hören, andererseits soll es für die Tiere, die bereits in der Nähe sind, realistisch klingen. Beginne also mit zwei sehr lauten Rufen, um ihre Aufmerksamkeit zu erregen, und senke dann langsam die Lautstärke, bis nur noch ein Winseln zu hören ist. Sei auf der Hut, es könnte sich ein Fuchs anschleichen!

Beim Anlocken von Raubtieren hat man nicht jedesmal Glück, aber manchmal kann das Ergebnis spektakulär sein. Einmal kam ein Rehbock angelaufen und schnaubte mich an. Ein andermal — unterwegs mit einer Gruppe Pfadfindern — stieß ein Hühnerhabicht über unseren Köpfen einen Schrei aus, der wie ein Schuß klang. (Hühnerhabichte sind besonders groß und jagen manchmal auch auf dem Boden ihr Wild.) Kurz darauf sahen wir einen Falken über uns kreisen und vergaßen den Hühnerhabicht, der mittlerweile lautlos gelandet war und sich von hinten heranpirschte; wir bemerkten ihn erst, als er, von einer plötzlichen Bewegung erschreckt, aufflog — nur zehn Meter hinter uns.

Während der halben Stunde, die ich fürs Anlocken ansetzte, sind die Kinder meistens ruhig und gespannt. Auch wenn sich keine Raubtiere und kein Wild zeigen, genießen sie die Stille des Waldes, den Gesang der Vögel oder vielleicht den Anblick raufender Eichhörnchen.

7

Abenteuer

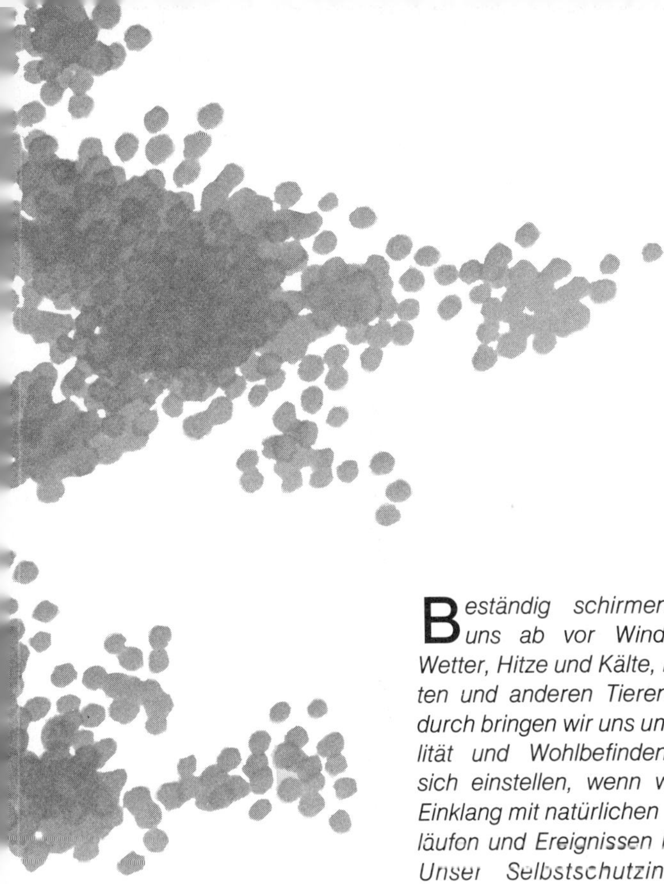

Beständig schirmen wir uns ab vor Wind und Wetter, Hitze und Kälte, Insekten und anderen Tieren. Dadurch bringen wir uns um Vitalität und Wohlbefinden, die sich einstellen, wenn wir im Einklang mit natürlichen Kreisläufen und Ereignissen leben. Unser Selbstschutzinstinkt muß durch Abenteuergeist ausgeglichen werden. Das Bedürfnis hinauszugehen und die Welt zu berühren und zu erforschen, bringt uns in Situationen, wo die Natur ihre Macht und Schönheit vor uns entfalten kann.

Während meiner Ausbildung zum Naturführer hörte ich, daß die Indianer nachts durch die Sümpfe wateten, um

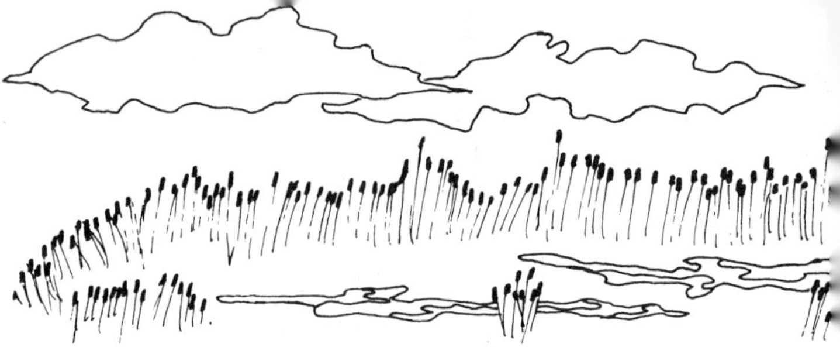

Enten zu jagen. Als Vogelkundler reizten mich die Möglichkeiten, Wasservögel in ihrem Element zu beobachten.

Eines Abends zog ich mir alte Hosen und Schuhe an und ging hinaus zu meinem Lieblingsmoor. Als ich in der Abenddämmerung ankam, hörte ich ein sonderbares Tosen: Tausende von Gänsen scharten sich zusammen, schlugen heftig mit den Flügeln, stiegen dann plötzlich auf und bildeten eine große dunkle Wolke am Abendhimmel. Sie gaben den Blick auf zahllose Enten frei, die das gekräuselte Wasser in allen Richtungen durchkreuzten.

Ich stieg hinein, ohne die Kälte zu bemerken, so erfüllt war ich von der intensiven Energie des Moores. Als die mondlose Nacht einbrach und mich in ihre Dunkelheit hüllte, begannen die Enten ganz dicht um mich herumzufliegen. Ein Schwirren und Surren und Pfeifen war um meine Ohren, und immer wieder landeten sie mit dem Geräusch klatschender Regentropfen unmittelbar neben mir auf dem Wasser.

Plötzlich spürte ich etwas über meinem Kopf und sah hinauf: eine große Eule flatterte über mir. Da nur mein Kopf aus dem Wasser herausragte, konnte sie offenbar nicht entscheiden, ob ich eine geeignete Beute war oder nicht. Inzwischen schwammen die Enten so dicht um mich herum, daß ich sie mit der Hand hätte berühren können. Als ich später bewegungslos im flachen Wasser stand, schwamm eine kleine Ente sorglos zwischen meinen Beinen herum.

Das ganze Erlebnis hatte einen so magischen Charakter, daß ich mich und die Kälte vollkommen vergaß. Drei oder vier Stunden lang war ich zwischen den Enten im Moor herumgewatet, angewiesen auf Hände und Ohren, um mich in der schwarzen Nacht zurechtzufinden.

Es ist sehr hilfreich — beinahe unerläßlich —, daß man bei den ersten Begegnungen mit der Natur in Staunen versetzt und bezaubert wird. Ein solcher Kontakt sprengt für einen Augenblick unser selbstgeschaffenes Gefängnis aus Sorgen und Vorurteilen, das uns davon abhält, unsere Einheit mit anderen Lebensformen zu erfahren, und wir spüren Liebe in uns aufsteigen. Erinnerungen an solche Momente der erweiterten Wahrnehmung, der Selbstvergessenheit und des Einsseins lenken uns auf den Weg zu einer empfindungsreicheren und erfüllteren Lebensweise.

Überlebens-training

W*ie würde ich am Leben bleiben, wenn ich hier ausgesetzt würde?*—Jeder, der einmal in der wilden Natur fernab jeder Zivilisation gewandert ist, hat an die Möglichkeit gedacht, sich alleine, ohne Ausrüstung und Nahrung, durchschlagen zu müssen. Welche Überlebenschancen hättest du? Um darauf eine Antwort zu finden, frage dich, wie gut du dich tatsächlich im Freien auskennst. Überleben in der Wildnis ist in erster Linie eine Frage der Vertrautheit mit der Natur, die uns befähigt, intelligenten Ge-

A

B In der Natur leben
C Tag und Nacht/ überall
D 1 oder mehr
E ab 9 Jahre
F Grundausrüstung

brauch von den Dingen zu machen, die uns die Natur zu unserem Schutz bietet. Die Indianer konnten jahrhundertelang in unmittelbarer Nähe zur Natur leben, weil sie diese kannten. Sie fürchteten sich nicht davor, mit den Elementen allein zu sein, im Gegenteil, es war für sie eine lustvolle Erfahrung.

Das Selbstvertrauen und die Gelassenheit, welche aus der Kenntnis von Überlebenstechniken erwachsen, lassen uns unsere innere Einheit mit der natürlichen Welt spüren.

Ein Überlebenstraining kann großen Spaß machen. Selbst wenn es nur ein paar Stunden dauert, ist es ein Abenteuer. Mit dem Wachsen deiner Kenntnisse wirst du deine Fähigkeit prüfen wollen und mehrere Tage oder eine ganze Woche im Freien verbringen.

Beginne damit, aus natürlichen Materialien einen Unterschlupf zu bauen. Fast alle Kinder bauen leidenschaftlich gern Hütten und legen dabei einen überraschenden Einfallsreichtum und Fleiß an den Tag, die du mit sachkundigen Vorschlägen unterstützen kannst.

Die Wahl des Standorts ist wichtig. Wenn du dabei keine Vorsicht walten läßt, mußt du bei plötzlich einsetzendem Regen vielleicht entdecken, daß Wasser durch dein Schlafzimmer fließt, weil das, was du für eine lauschige Kuhle gehalten hast, tatsächlich ein Bachbett ist. Hier einige Ratschläge, wie du einen trockenen, bequemen Wetterschutz bauen kannst:

1. Baue die Hütte so, daß die erste Morgensonne darauffällt (der frühe Morgen ist der kälteste Teil des Tages)

und daß sie im Sommer gegen die heiße Nachmittagssonne geschützt ist. 2. Wähle einen Platz in der Nähe von Wasser und Brennstoff (Holz oder Tierkot). 3. Suche im Sommer einen Ort mit frischer Brise, wo du weniger von Schnaken geplagt wirst. 4. Lasse dich nicht in einem trockenen Flußbett nieder. 5. Sorge dafür, daß dein Unterschlupf oder ein anderes Bodensignal gut sichtbar ist, damit du gefunden werden kannst.

Zur Übung solltest du nur tote Materialien verwenden; außer in einem Notfall gibt es keinen Grund, die Landschaft zu beschädigen.

Weitere Themen fürs Überlebenstraining könnten sein: Wasser und Brennstoff finden, Feuer machen, sammeln und zubereiten von Wildpflanzen, wichtige Gegenstände aus natürlichen Materialien herstellen, verschiedene Typen von Schutzhütten bauen, Orientierung, Notsignale, ruhig bleiben und Angst überwinden. In folgenden Büchern kann man sich über die verschiedenen Techniken informieren: W.R. von Rhamm, *Überlebenstraining,* Paul Pietsch Verlag, und Rainer Höh, *Survival-Handbuch für die Wildnis,* Buchvertrieb Gerda Schettler.

In Ananda Cooperative Village in Kalifornien leite ich mit anderen das *Center for Basic Living Skills.* Hier werden Techniken der Lebenskunst vieler Kulturen — vergangener, gegenwärtiger und zukünftiger — demonstriert und gelehrt.

Still und wach

Diese Methode, die Natur zu beobachten, kennen wir von den Indianern, die darin Meister waren. Ein Indianer begab sich zu einem Ort, den er gut kannte und zu dem er sich hingezogen fühlte. Dort setzte er sich hin, in einen Wald oder an einen Hang, und ließ Stille und Aufmerksamkeit in sich einkehren. Wenn seine Ankunft Unruhe verbreitet hatte, wartete er geduldig, bis die Natur zu ihrem normalen, harmonischen Lauf zurückgekehrt war. Er wollte nichts anderes als beobachten und lernen.

Suche nicht du deinen Platz, sondern laß dich von einem Ort anziehen. Vielleicht wirst du intuitiv zu einem besonderen Platz geleitet, um etwas Bestimmtes zu lernen. Bleib zunächst reglos, wende nicht einmal den Kopf. Sei so unaufdringlich wie irgend möglich; laß die Welt um dich

herum ihren Lauf nehmen, als wärst du gar nicht da. Fühle, daß du ein Teil der natürlichen Umgebung bist: Bewege dich in der Fantasie mit den schimmernden Blättern oder tanze mit dem Schmetterling, der durch die Luft taumelt und flattert. Da du ganz still bist, kommen vielleicht neugierige Tiere nahe an dich heran. Einmal näherte sich mir von hinten ein geheimnisvolles Wesen mit seltsamen Klopflauten. Als es auf eine Entfernung von etwa zwei Metern herangekommen war, verließ mich mein Mut, und ich drehte schnell den Kopf. Ab in die Büsche floh der böse Räuber — Meister Lampe.

Wenn Kinder hinterher ihre Erfahrungen miteinander austauschen, bringt sie das näher zusammen. Jeder kann über eine Pflanze oder über ein Tier berichten und über besondere Ereignisse, die er an ihnen wahrgenommen hat. Oder sie spielen ihre Beobachtungen und Gefühle einander vor. Die Zuschauer versuchen, sich in die Stimmung der Darstellung einzufühlen. Dieses Sich-Mitteilen sollte immer in einer respektvollen und einfühlsamen Atmosphäre geschehen, denn nur dann können Gefühle und Erfahrungen tatsächlich vermittelt werden.

A

B Angst überwinden, Tiere bei Nacht
C Dämmerung bis in die Nacht/überall
D 1 oder mehr
E ab 4 Jahre
F evtl. Taschenlampen

Unheimliche Käuzchenrufe, röchelndes Bellen von Rehböcken, leise hustende und schmatzende Siebenschläfer, knarrende Äste — all die fremden Geräusche der Nacht lassen uns die unbekannte freie Natur noch geheimnisvoller erscheinen.

Viele Tiere, die man in der Nacht hören kann, bekommt man selten zu sehen. Um sie zu entdecken, kann eine Taschenlampe hilfreich sein. Halte sie an die Augen (Stirn oder Nase) und streife mit dem Lichtkegel über das Gelände — vielleicht triffst du plötzlich auf ein leuchtendes Augenpaar. Wenn du dabei von den Tieren nicht beobachtet werden willst, so brauchst du die Taschenlampe nur mit einem

Die Welt bei Nacht

roten Filter oder Zellophanpapier zu überdek-
ken; Tiere werden durch rotes Licht nicht so beunruhigt.

Nicht nur wegen der Beobachtung von Tieren sind Nachtwanderungen ein wichtiges Erlebnis. Kinder sind in der Nacht aufgeschlossener und nachdenklicher. Sobald es dunkel wird, fühlen sie sich wohler, wenn sie näher beisammen sind. Nachdem sie eine Weile auf Geräusche gehorcht haben, fangen sie meistens an, über ihre Ängste vor Dunkelheit und wilden Tieren zu sprechen. Oft läßt das Aussprechen solcher Ängste diese verschwinden, und die Kinder kehren mit einem Gefühl entspannten Selbstvertrauens zum Lager zurück.

Eins mit der Natur

A 

B Ausdehung des Bewußtseins
C Tag und Nacht/ überall
D 1
E ab 10 Jahre
F keine

Alle haben wir schon Momente erlebt, in denen wir uns besonders frei und lebendig fühlten; wir haben in solchen Augenblicken von dem uns umgebenden Leben mehr in unser Bewußtsein eingelassen und als Teil unserer selbst erkannt. Wir ahnen dann, wie sich ein Adler fühlen mag, der sich vom Wind über Berggipfel tragen läßt. Es scheint, als würde der Wind Leben in jeden Baum hauchen und der Bergbach unsere selbstbezogenen Gedanken mit sich forttragen.

John Muir, der amerikanische Naturschützer und Schriftsteller (1838-1914), hat sich manchmal so in der Natur verloren, daß aus einem Tagesausflug eine Wanderung von mehreren Tagen oder gar Wochen wurde. Dann hatte er weder Nahrung noch warme Kleider noch eine Decke für die Nacht bei sich. Er lebte von seiner Liebe zur Schönheit und Einsamkeit. So beschreibt er, was ihn in der Wildnis begeisterte:

»Mach dich leise auf in irgendeine Richtung und erlebe die Freiheit des Bergsteigers. ... Klettere hinauf auf die Berge und öffne dich für ihre Botschaft. Der Friede der Natur wird in dich hineinfließen wie das Licht der Sonne in die Bäume. Der Wind wird dich mit seiner Frische erfüllen und der Sturm mit seiner Energie, und deine Sorgen werden wie Herbstblätter von dir abfallen.«

Und wirklich ist es so. Wenn wir, wie John Muir, die Welt der Natur mit offenem Geist und Herzen betreten, dann werden uns ungesuchte, herrliche Erlebnisse zuteil.

Gemeinsam
still
durch die Natur

Von allen Aktivitäten, die ich in diesem Buch beschreibe, hat diese vielleicht die stärkste Wirkung.

Streift schweigend durch die Natur, laßt Worte und alle Zivilisationsfesseln hinter euch — zum Beispiel Schuhe und Kleidungsstücke aus Kunstfasern, die unnatürliche Geräusche erzeugen. In der Stille und Harmonie, die dabei entsteht — besonders im Morgengrauen oder in der Abenddämmerung —, werden wir gewahr, daß wir die Welt mit allen Lebewesen teilen.

Tiere haben ein feines Gespür für die innere Verfassung von Menschen: sie werden nicht davonrennen, wenn sie fühlen, daß jene in einem friedvollen und harmonischen Zustand sind. (Rehe scheinen in dieser Hinsicht besonders sensibel zu sein.) Ich habe bei solchen Gängen oft beobachtet, wie sich Tiere ohne die panische Angst entfernen, die sie sonst beim Herannahen von Menschen zeigen; stattdessen gehen sie nur schrittweise zurück, bleiben immer wieder stehen und schauen neugierig über die Schulter zurück. Es ist wunderbar, unsere Verwandtschaft mit den Tieren zu fühlen; wir betreten ihre Welt nicht als Außenstehende, sondern als Dazugehörige, und die Natur nimmt uns als einen Teil ihrerselbst an.

Das erfordert sensible Aufnahmebereitschaft; so schlage ich diesen Spaziergang nur Kindern vor, von denen ich glaube, daß sie bereit sind, sich gemeinsam dem schweigenden Erleben der Natur zu öffnen.

In einem Hochwald Südkaliforniens bereitete ich mich mit zwölf Jungen darauf vor; jeder suchte sich einen stillen Platz, wo er eine halbe Stunde lang blieb, um ganz zur Ruhe zu kommen. Danach liefen wir langsam einen alten, von Bäumen beschatteten Weg hinunter, bis wir zu einer Stelle kamen, die den Blick über die große Mohave-Wüste freigab, die sich weit unten endlos erstreckte. Vögel und Insekten sangen im Chor, und die Luft schien durch unser Schweigen wie elektrisiert. Wenn einer etwas entdeckte, berührte er leise die Schultern seiner Gefährten, um es ihnen zu zeigen, und in ihren Augen spiegelten sich Ruhe und Freude.

Ein Weißwedelhirsch graste am Wegrand und näherte sich uns langsam. Als wir nur noch etwa zehn Meter entfernt waren, hob er voller Anmut den Kopf und schaute ruhig zu uns herüber. Seine Augen waren so unschuldig und vertrauensvoll, daß es uns ins Herz ging; noch selten waren wir so fraglos in die Natur aufgenommen worden wie jetzt von diesem sanften Geschöpf. Es lag etwas Unbeschreibliches in diesem Augenblick — wie das Heimkehren nach einem langen Exil.

Zehn Minuten später trafen wir drei Coyoten, die den Weg entlangtrotteten. Wie junge Hunde rannten sie einige Schritte auf uns zu, hielten dann inne, jaulten auf und legten ihren Kopf von einer Seite auf die andere, als sie uns schweigsame Fremdlinge neugierig beobachteten.

Wir erreichten das Felsenkliff über der Wüste. Dort blieben wir eine Stunde, immer noch schweigend, und erlebten das Hereinbrechen der Nacht.

Wenn jemand mit der Natur in Einklang ist, verstärken sich auch seine Gefühle der Harmonie mit anderen Menschen. Wenn wir schweigend die Welt um uns beobachten, entdecken wir in uns ein Verbundenheitsgefühl mit allem, was wir sehen — mit Pflanzen, Tieren, Steinen, mit der Erde und dem Himmel. Die Indianer wußten, was uns die Stille lehren kann: daß alle Dinge Ausdrucksformen des Einen Lebens sind, dessen Kinder auch wir Menschen sind.

»Wie oben, so unten. Wie innen, so außen.« Je mehr wir uns der Natur nähern, um so deutlicher erfahren wir, daß der Gegenstand unseres Forschens gar nicht die Natur ist, sondern das Leben und das Wesen unseres Selbst.

Unendlich ist die Herrlichkeit der Natur; doch wir sehen nur einen ihrer Millionen Planeten. Ihre Pracht erstreckt sich über den grenzenlosen Raum und offenbart sich in zahllosen Welten; doch ihre wunderbarste Gabe ist ihre Bereitschaft, uns Selbsterkenntnis zu lehren. Und wenn wir lernen, uns selbst und die uns umgebende Welt zu sehen und zu verstehen, dann werden wir Menschen zur höchsten Vollendung der Natur: denn durch den Menschen kann sich die Natur in ihrer lebendigen Fülle wahrnehmen und erkennen.

Von frühester Natur an hat Joseph Cornell eine innige Beziehung zur Natur gehabt und sich von ihrer Schönheit und ihren Geheimnissen angezogen gefühlt. Als Junge ist er viel in der Sierra Nevada in Nordkalifornien gewandert.

Joseph hat sein Studium an der California State University mit dem Bachelor of Arts für Naturkunde abgeschlossen und sich dann bei der National Audubon Society zum praktischen Naturforscher und -führer ausgebildet. Danach arbeitete er sechs Jahre im Rahmen des Natur-Erziehungsprogramms der Sutter County Schools und mit den Pfadfindern (Boy Scouts of America). Während dieser Zeit leitete er zahlreiche Lehrgänge für Jugendleiter und Lehrer.

Gegenwärtig ist er Direktor von *Earth Sky: Sharing Environmental Awareness.* Diese gemeinnützige Organisation hat sich zum Ziel gesetzt, all denen, die zu einem tieferen Verständnis der Einheit allen Lebens gelangen wollen, ein erhöhtes Bewußtsein der natürlichen Welt zu vermitteln. Joseph ist außerdem Mitbegründer und Leiter der *Ananda How-to-Live Schools.*

Joseph freut sich über Zuschriften von seinen Lesern und ist gerne bereit, weiterführende Informationen zu geben. Wenn du ihn zu einem Workshop einladen oder an einem solchen teilnehmen willst, schreibe an: Earth Sky, 14618 Tyler Foote Crossing Road, Nevada City, CA 95959, USA.

Über den Autor

Ananda How-to-Live-Schools

Joseph Cornell ist Direktor für Umwelterziehung der *Ananda How-to-Live Schools* in Nevada City, Kalifornien. Ihr pädagogisches Ziel besteht darin, dem Kind durch den Erwerb von Selbstdisziplin, harmonischen Beziehungen, Leistungsfähigkeit und innerer Ausgeglichenheit zu helfen, sich ganz zu entfalten. Die Schule verfügt über Wohnmöglichkeiten für Studenten, bietet ein Programm für Lehrerausbildung an und veranstaltet in ganz Amerika Workshops. Wer nähere Informationen wünscht, schreibe an: Ananda How-to-Live Schools, 14618 Tyler Foote Crossing Road, Nevada City, CA 95959, USA.

Ananda Publications
...veröffentlicht Bücher, Schallplatten und Tonbänder zum Thema »How-to-Live«. Sie sind für Menschen gedacht, die an einem einfacheren und erfüllteren Lebensstil interessiert sind.
Wer einen kostenlosen Katalog geschickt bekommen möchte, schreibe an: Ananda Publications, 14618 Tyler Foote Crossing Road, Nevada City, CA 95959, USA.

Danksagung

Dieses Buch hat — wie ein Baum — aus vielen Quellen Nahrung gezogen. Besonders möchte ich jenen Freunden danken, die mit ihren Vorschlägen, ihrer Ermutigung und Unterstützung dazu beigetragen haben, daß dieses Buch erscheinen konnte.

James Fuller, ein Jugendleiter, hat als erster den Vorschlag gemacht, dieses Buch zu schreiben, und mich ständig bei dem Projekt unterstützt.

Kathe Goria, John Hendrickson, Dick Paterson. Viele Ideen dieses Buches sind die Frucht jehrelangen Umgangs mit diesen naturkundigen Freunden.

Garth Gilchrist. Diese Seiten enthalten viel von Garth. Ich danke ihm auch einen dreiwöchigen Aufenthalt auf dem Hausboot im Klamath Marsh, währenddessen wir ungestört arbeiten konnten — nur unterbrochen vom Anblick ungewöhnlicher Tiere.

George Beinhorn, Michael Deranja, Nancy Estep, Jean Rodgers, Asha Savage und meinen anderen Freunden von Ananda Publications danke ich für ihre hilfreiche Sachkenntnis.

Alta Cal Audubon Chapter. Ihre großzügige finanzielle Unterstützung ermöglichte den Druck dieses Buches.

Der Ahorn Verlag dankt *Frau Dr. Helga Braemer,* wissenschaftliche Mitarbeiterin am Max-Planck-Institut für Verhaltensphysiologie in Seewiesen, und *Frau Dipl. biol. Ines Scheurmann,* Doktorandin am selben Institut, für ihren fachkundigen Rat bei der Übertragung von amerikanischen auf mitteleuropäische Verhältnisse.

Grafik

Michelle Altmeyer-Osterkamp: 20/21, 38/39, 52/53, 66/67, 102/103, 114/115
Martin Benkler: 22/23, 44, 81, 117, 139
Judy Daniel: 47
Dharani Dass: 89
Elizabeth Ann Kelley: 5, 17, 24/25, 34, 42/43, 55, 58, 60/61, 63, 68/69, 71, 72/73, 78/79, 83, 90/91, 95, 98/99, 104, 107, 120/121, 132/133, 135, 137, 140/141, 143

Fotos

George Beinhorn: 9, 74/75, 96/97, 128/129, 130/131, 134
Martin Benkler: 48, 93, 122
Joseph Bharat Cornell: 23, 56, 85, 108
John Hendrickson: 27, 31, 40/41, 43, 110/111, 118/119
Benedikt Kuby: 28, 77
Raghunath Polden: 7, 124/125

Anhang

1 Rätsel

Oft wird der Wert einer Pflanze oder eines Tieres nur danach eingeschätzt, welchen unmittelbaren Nutzen sie für den Menschen haben. Im gesamten Lebenszyklus haben sie jedoch alle eine wichtige Aufgabe. Die folgenden Rätsel sollen zeigen, wie Tiere und Pflanzen, die wir gewöhnlich als Schädlinge betrachten, in Wirklichkeit einen Beitrag zum Wohl des Ganzen leisten.

Nach jedem Rätsel steht eine Buchstabenreihe. Um sie zu entschlüsseln, ersetze jeden Buchstaben durch den im Alphabet jeweils folgenden.

Beispiel: JTG — KUH

*

Ich bin eine sehr wichtige Pflanze, obwohl ich als Unkraut gelte und von Gärtnern und barfuß laufenden Kindern verwünscht werde. Den Raupen des Tagpfauenauges, des Admirals und des Kleinen Fuchses diene ich als Nahrung, für die Aufzucht von Küken bin ich unentbehrlich und Menschen, die meinen Nährwert zu schätzen wissen, essen mich wie Spinat. Ich wachse praktisch überall und bin die einzige Pflanze, die bei Berührung brennt.

AQDMMDRRDK

Viele Fische und Vögel nähren sich von mir. Ohne mich gäbe es weniger Tiere, die in der Luft und im Wasser leben. Meine tropischen Verwandten übertragen oft Krankheiten auf den Menschen. Ich fliege langsam, besonders wenn ich gerade gegessen habe. Nur die Weibchen unserer Art stechen dich.

RSDBGLTDBJD

Da wir nur das tun können, was uns Mutter Natur aufgetragen hat, wünschen wir uns etwas mehr Verständnis von den Menschen, wenn wir uns in ihren Gärten und Dachböden ansiedeln. Hörten wir auf, Insekten zu fangen, würden die Menschen unseren Wert bald zu schätzen wissen. Sie sollen es uns nicht übelnehmen, wenn wir auch süße Früchte haben wollen. Wir sind an unserer Warnfarbe leicht zu erkennen und stechen nur, wenn man uns fängt oder in unserem Nest herumstochert. Wir haben eine sprichwörtliche Taille.

VDROD

Ich leiste einen wichtigen Beitrag, um die Nagetiere in Schach zu halten. Das nützt den Pflanzen, aber auch den Bauern. Dennoch mögen mich die meisten von euch Menschen nicht und haben Angst vor mir. Dabei merkt ihr gar nicht, daß ich vor euch genauso große Angst habe wie ihr vor mir. Es würde die Spannung zwischen uns erheblich vermindern, wenn ihr achtgeben könntet, wohin ihr eure Füße setzt. Nur wenn mich jemand tritt, beiße ich, aber mein Gift ist — anders als mir nachgesagt wird — fast niemals tödlich. Ich lebe in Moor- und Heidegebieten und liege gern in der Sonne.

JQDTYNSSDQ

Ich bin sehr ausdauernd in meiner Arbeit. Wenn man mich stört, verziehe ich mich schnell. Das ganze Jahr über bin ich innerhalb des Hauses tätig, zu gewissen Jahreszeiten aber auch draußen. Ich bemühe mich sehr, dein Haus von Ungeziefer frei zu halten, und schätze es gar nicht, wenn ich selbst dafür gehalten werde. Einige meiner Verwandten sind geradezu künstlerisch begabt. Hätten wir nicht einige wenige Vettern, die unseren Ruf schädigten, so würden die Menschen unserer ehrenwerten Familie bestimmt mehr Respekt entgegenbringen.

GZTRROHMMD

2
Weitere Beispiele zu »Tiereraten«

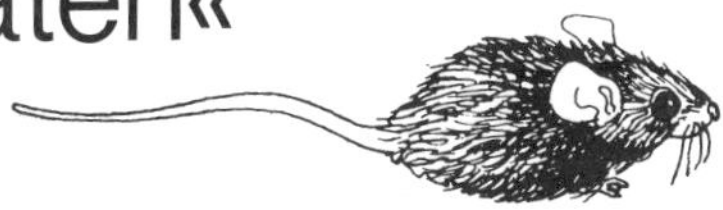

1. Ich nähre meine Jungen mit Milch und lecke ihren Pelz.
2. Ich bin recht robust gebaut, aber dennoch beweglich.
3. Ich fürchte mich mehr vor Hunden als vor Menschen.
4. Zu meiner abwechslungsreichen Nahrung gehören Nagetiere, Kaninchen, Vögel, Eier, Frösche, Fische, Insekten, Aas, Eicheln, Früchte und Körner.
5. Ich wohne in einem hohlen Baum, einem Steinhaufen oder einer großen Erdhöhle.
6. Ich bin meistens in der Nacht aktiv.
7. Ich habe geschickte und neugierige Finger.
8. Ich lebe am liebsten in der Nähe von Flüssen und Seen.
9. Die schwarze Maske über meinen Augen tarnt mich, wenn ich nach Nahrung jage. Ich lege Wert darauf, alles, was ich sehe, vorher zu waschen.
10. Ich lebe hier in der Fremde; erst nach dem zweiten Weltkrieg hat man mich in Mitteleuropa eingebürgert.

VZRBGAZDQ

1. Ich kann gehen und schwimmen.
2. Meine Augen sind gut, mein Geruchssinn ist weniger gut.
3. Ich hänge sehr an meinen Jungen und ziehe sie auf.
4. Meine Körpertemperatur ist konstant.
5. Wir sind sehr anpassungsfähig und leben in ganz verschiedenen Gegenden.
6. Es macht mir Spaß, meine Umgebung zu verändern.
7. Ich gehe auf zwei Füßen und spreche mehrere Sprachen.

LDMRBG

1. Im Verhältnis zu meinem Körper habe ich recht kleine Augen und Ohren.
2. Meine Vorderzähne wachsen ständig.
3. Ich esse Wurzeln, Stengel und Blätter.
4. Halte Ausschau nach kleinen Erdhügeln, wenn du sehen willst, wo ich gearbeitet habe. Ich lockere den Boden auf, so daß das Wasser besser einsickern kann.
5. Meine Arbeit wird von Menschen nur dann geschätzt, wenn ich sie nicht in ihren Gärten oder Feldern verrichte.
6. Ich sehe besser als mein Nachbar, der Maulwurf.

VTDGKLZTR

1. Du findest mich im Wasser.
2. Ich bin ein Fleischfresser und nähre mich überwiegend von Insekten und meinen kleinen Artgenossen.
3. Ich bin ein guter, schneller Schwimmer.
4. Ich brauche kaltes, sauerstoffreiches Wasser.
5. Ich lege meine Eier im Frühling in kleine, saubere Bäche.
6. Ich bin schlank und glatt.
7. Ich komme aus Nordamerika.
8. Ich bin so hübsch wie ein Regenbogen.

QDFDMANFDMENQDKKD

1. Meine Körpertemperatur ist gewöhnlich etwas wärmer als die des Menschen.
2. Meine Füße haben zwei Zehen vorne und zwei hinten.
3. Meine Flugbahn gleicht einer Wellenlinie.
4. Meine steifen Schwanzfedern dienen mir als Stütze, wenn ich auf Nahrungsfang gehe.
5. Ich ernähre mich in erster Linie von Holzkäfern, aber auch von Ameisen, Eicheln, fliegenden Inseken, Beeren und Saft.
6. Mein Nest ist eine Höhlung in einem Baumstamm, die ich selber herstelle.
7. Mein Schnabel dient mir als Meißel.

ATMSRODBGS

1. In meiner Jugend konnte ich mich nur langsam bewegen, jetzt schnell.
2. Gewöhnlich jage ich in der Nähe von Wasser.
3. Ich esse fliegende Insekten.
4. Ich kann sehr gut fliegen.
5. Ich habe farbenprächtige Verwandte.
6. Ich bin ein Kaltblüter und trage mein Skelett außen.
7. Ich habe zwei Beine mehr als eine Maus und habe sehr große Augen.
8. Mit meinen vier großen Flügeln habe ich Ähnlichkeit mit einem Hubschrauber.

KHADKKD

1. Meine Körpertemperatur ist gleichbleibend. Mein Körper ist behaart, und ich ernähre meine Jungen mit Milch. Meine Zähne lassen erkennen, wovon ich mich ernähre.
2. Ich habe keine Oberzähne, einen Magen mit mehreren Kammern und bin ein Wiederkäuer.
3. Nur meine männlichen Artgenossen haben Geweihe.
4. Meine Fußspuren sehen so aus:

5. Hierzulande ist der Mensch mein einziger Feind.
6. Meine Jungen sind so lange gefleckt, bis ihr Winterpelz ausgewachsen ist.
7. Ich bin etwas größer, habe eine starke Mähne und ein mächtigeres, geschwungenes Geweih als mein naher Verwandter, an den du vielleicht denkst.
8. Besonders bekannt bin ich für meinen röhrenden Brunftschrei. Wenn dieser Ruf von einem meiner männlichen Artgenossen beantwortet wird, kann es zu einem grimmigen Kampf kommen.

QNSGHQRBG

1. Mein Sehvermögen ist nicht gut, aber um so besser kann ich hören und riechen.
2. Mein Schwanz ist höchstens fünfzehn Zentimeter lang.
3. Ich lebe meistens im Wald oder im Dickicht auf dem Boden.
4. Ob jung oder alt, wir können gut klettern und bringen uns, wenn Gefahr droht, auf Bäumen in Sicherheit.
5. Meine Nahrung ist vielfältig: kleine Säugetiere, Insekten, jede Art von Fleisch, Aas, Gras, Blätter, Früchte, Beeren und Nüsse.
6. Sobald es kalt wird und zu schneien anfängt, suche ich mir eine Höhle, die ich den ganzen Winter nicht mehr verlasse.
7. Ich habe eine recht dunkle Farbe und kann bis zu 500 Pfund wiegen.

AQZTMAZDQ

1. Ich esse alles, was sich bewegt und was ich schlucken kann.
2. Ich halte Winterschlaf, außer in warmen Gegenden.
3. Ich brauche eine feuchte oder nasse Umgebung und muß die trockene Sommerhitze und den kalten Winter meiden.
4. Fast alle Weibchen meiner Familie legen ihre Eier ins Wasser.
5. Ich bin recht plump und würde nicht sehr viele Wettrennen gewinnen.
6. In unserer Familie können fast alle singen.

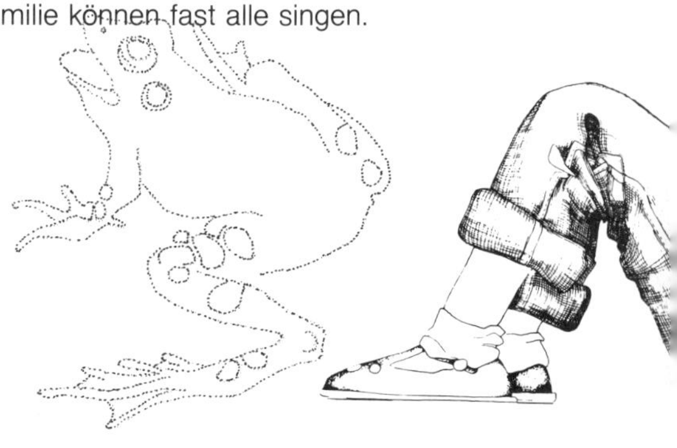

7. Wenn ich bedroht werde, kann ich ein klebriges weißes Gift aus der Haut ausscheiden, das Hunden oder anderen Raubtieren, die mich fressen wollen, das Maul verätzt.
8. Nahe Verwandte von mir entfernen sich weiter vom Wasser als unsere entfernten Verwandten, die du vielleicht kennst. Es wird uns nachgesagt, daß du von uns Warzen bekommst, aber das ist nicht wahr.

JQNDSD

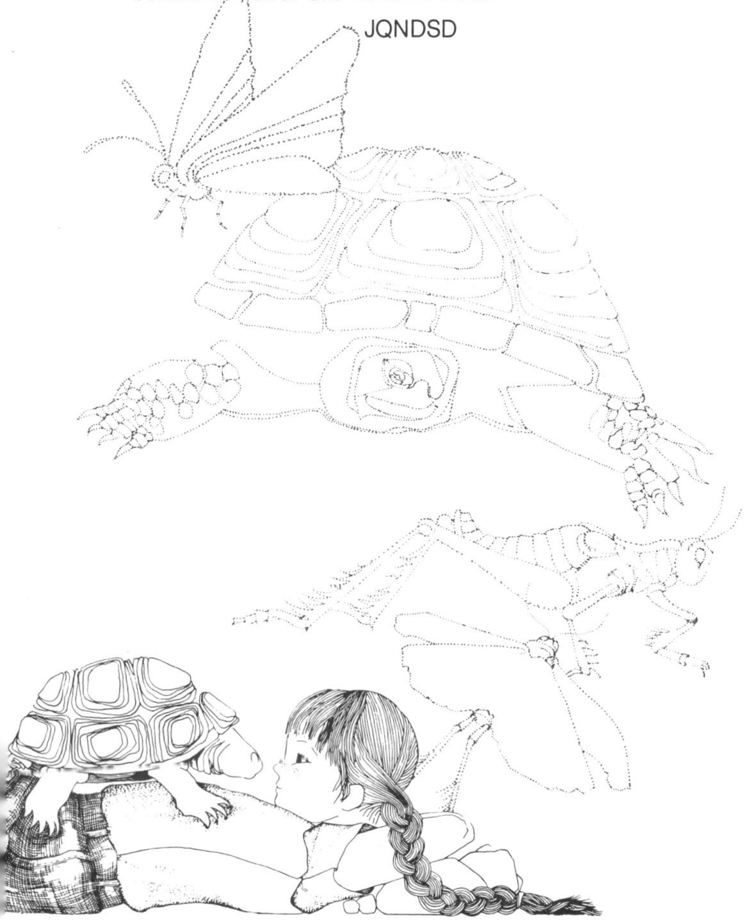

3
Das passende Spiel

Lernziele

Angst überwinden:
Alleinsein: Still und wach-118, *Dunkelheit:* Mimikry-90, Die Welt bei Nacht-120, *Käfer:* Erdfenster-22, Mit der Lupe unterwegs-49, *Wilde Tiere:* Wilde Tiere aus der Nähe-110

Beobachten:
Töne-40, Farben-41, Verstecken—Entdecken-42, Mit der Lupe unterwegs-49, Das große Suchen-78, Mimikry-90, Auf die Pirsch-103

Bestimmen:
Pflanzen: Rund um den Moorsee-62, Bestimmungsspiel-72, Baum-Silhouette-76, *Tiere:* Tiereraten-68, Arche Noah-71, Wer bin ich?-80, Tierpantomime-84

Einfühlungsvermögen:
Erdfenster-22, Herzschlag der Bäume-24, Einem Baum begegnen-28, Rollenspiel-33, Fantasiewald-57, Lockstock-108, Eins mit der Natur-122

Fantasie:
Erdfenster-22, Gehen ohne zu sehen-27, Einem Baum begegnen-28, Blinde Karawane-30, Rollenspiel-33, Ausflug einer Raupe-44

Freude an Stille und Alleinsein:
Erdfenster-22, Gehen ohne zu sehen-27, Blinde Karawane-30, Töne-40, Still und wach-118, Eins mit der Natur-122, Gemeinsam still durch die Natur-124

Gedächtnis:
Memory-46

Gelände erforschen:
Ausflug einer Raupe-44, Mit den Händen sehen-45,

Gelände

Stimmung

(G = nur in der Gruppe)

4 Spieleverzeichnis

Der Ahorn Verlag veröffentlicht Bücher, die helfen sollen, ein neues Verhältnis zu uns selbst und zur Erde zu finden.
Themen: Ganzheitliche Kultur, Spiel und Pantomime, Ökologie und Ernährung. Bitte Prospekt anfordern.

Ahorn Verlag
Wolfgang Furth-Kuby
Seeoner Straße 17, D-8201 Oberbrunn,
Post Pittenhart, Tel. 0 86 24/17 91
Unsere Bücher sind im Buchhandel erhältlich oder direkt über unsere Versandabteilung.

A. Fluegelman/S. Tembeck: New Games — Die neuen Spiele. 192 S., Pb., 250 Fotos, DM 26,—. ISBN 3-88403-004-3.

In diesem Buch werden sechzig neue Spiele vorgestellt — Spiele im Freien, bei denen jeder mitmachen kann, ob jung oder alt. Es kommt nicht darauf an zu gewinnen, sondern nur auf den Spaß am Spiel. Lustige Beschreibungen in Wort und Bild zeigen, worum es geht. Der Leser erfährt außerdem wie man ein Spielfest organisiert und selbst Spiele anleitet — für jeden eine Möglichkeit, seine Spontaneität in der Gemeinschaft mit anderen lustvoll zu entfalten.

Kay Hamblin: Pantomime — Spiel mit deiner Fantasie. 192 S., Pb., 235 Fotos, DM 26,—. ISBN 3-88403-005-1.

Wer lernen will, den Körper als Instrument der Fantasie und Spontaneität zu gebrauchen, der findet hier achzig spielerische Übungen, klar beschrieben und mit Fotos reich illustriert. Das Buch enthält außerdem Anregungen für mimische Spiele in Gruppen, Hinweise für Bühnenauftritt und Strassentheater und einen Leitfaden für pantomimischen Unterricht. In jedem von uns steckt ein Mime — dieses Buch soll anregen, ihn zu entdecken.

Notizen

Notizen